Im Zeichen der Lilie

Das messianische und sophianische Zeitalter

Die wahre Schule ist das Leben

Lehrstunden von Gabriele,
der Prophetin und Botschafterin Gottes
in unserer Zeit

Band 1

Das Ewige Wort,
der Eine Gott, der Freie Geist,
spricht durch Gabriele,
so wie durch alle Gottespropheten -
Abraham, Hiob, Mose, Elia, Jesaja,
Jesus von Nazareth,
der Christus Gottes

DIE WAHRE SCHULE IST DAS LEBEN

Lehrstunden von Gabriele, der Prophetin und Botschafterin Gottes in unserer Zeit

BAND 1

Die wahre Schule ist das Leben
Lehrstunden von Gabriele,
der Prophetin und Botschafterin Gottes
in unserer Zeit
Band 1
1. Auflage April 2022

Max-Braun-Str. 2, 97828 Marktheidenfeld
Tel. +49 (0)9391/504135, Fax 504133
www.gabriele-verlag.com

Druck: KlarDruck GmbH, Marktheidenfeld

ISBN 978-3-96446-273-2

Inhalt

Vorwort

Wer es fassen kann, der fasse es:
Gott, der Ewige, spricht heute durch Seine Lehrprophetin und Botschafterin Gabriele zu uns Menschen – und das seit nahezu 50 Jahren. Er offenbart sich so, wie zu allen Zeiten: Sein Ewiges Wort der Gottes- und Nächstenliebe durch Seine Propheten – von Abraham bis Gabriele.

Aus dem Reich Gottes sprach und spricht durch sie Gott-Vater, der All-Schöpfer, es sprach und spricht durch sie der Christus Gottes, der Mitregent des Reiches Gottes, und es sprach und spricht durch sie der Cherub der göttlichen Weisheit.

Der Freie Geist offenbart sich zu allen Themen des Lebens: Er schenkt uns einen Einblick in unsere ewige Heimat, das Reich Gottes, und in den Aufbau unserer Seele; Er erklärt den Sinn und Zweck unseres Erdenlebens. Er lehrt die Wahrheit über das Leben und die ursprüngliche Lehre des Jesus von Nazareth und schenkt uns Menschen den Inneren Weg, den Weg zur Befreiung unserer Seele von all dem, was uns von Gott trennt.

Eine Offenbarung aus dem Reich Gottes durch die Lehrprophetin Gottes, Gabriele, zu hören oder zu lesen, ist für viele Menschen ein Schlüsselerlebnis – und für die Seele oftmals der Beginn des Weges nach Hause, in die ewige Heimat, von der wir einst ausgegangen sind.

Was vielleicht nicht so viele Menschen erlebt haben, ist Gabriele als Botschafterin Gottes, als Schwester, die die göttlichen Gesetzmäßigkeiten vorlebt und uns diese aus ihrem erschlossenen Bewusstsein mit ihren Worten nahebringt – die gelebte Gottes- und Nächstenliebe an Mensch, Natur und Tieren.

In Hunderten von Lehrstunden, Seminaren und öffentlichen Veranstaltungen hat Gabriele Schulungen gegeben, zu allen Themen und allen Bereichen des Lebens. Sie bringt uns Menschen die Lehre des Christus Gottes nahe, mit praktischen Hinweisen, wie wir sie Schritt für Schritt in unserem Alltag umsetzen können. In diesen Seminaren und Schulungen konnten die Teilnehmer ihre Fragen und Erfahrungen mitbringen, und daraus entstanden auch Gespräche mit Gabriele, in denen sie nicht nur für die Teilnehmer, sondern für alle Menschen Hilfen über Hilfen gegeben hat, in einem weiten Spektrum, immer lebensnah und in einer Tiefe, die die Seele im Innersten berührt.

Gabrieles Worte sind Wegweiser hin zum wahren Leben, gegeben aus der göttlichen Weisheit und aus ihrer Liebe zu Gott und zu ihren Nächsten, mit ihrem ganzen Herzen und sehr, sehr viel Verständnis und Geduld. Aus den vielen göttlich-geistigen Lehrstunden und Gesprächen mit der Prophetin

Gottes, Gabriele, ist diese Buchreihe entstanden, für alle, die für ihr Leben lernen möchten – und für die Neu Zeit, die bereits eingeleitet ist.

So mancher spürt bereits, dass sich ein Wandel vollzieht, ja vollziehen muss, denn: Auch wenn sich das Negative derzeit noch so austobt – diese Welt, so wie sie ist mit all den Ego-Auswüchsen in Staat, Wirtschaft, Religion und Gesellschaft unterliegt dem Gesetz von Ursache und Wirkung und ist deshalb am Vergehen.

Ganz allmählich dämmert die Neu Zeit empor, das messianische, sophianische Zeitalter der Friedfertigkeit, mit Menschen, die das Gesetz der Gottes- und Nächstenliebe zu ihrer Lebensgrundlage machen, ohne Religionen und Religionsverwalter. Es sind Menschen des Freien Geistes – Gott in uns und wir in Gott.

Gabriele-Verlag Das Wort

Aus der Liebe
kam daher die Weisheit
und wohnt unter den Menschen,
damit diese empfangen,
was Gott, die Liebe und Weisheit,
ihnen zu sagen hat –
heute in der großen Zeit
der Befreiung der Geschlechter
von einem Leben
in Einengung und Trübsal.

(Aus der Christus-Offenbarung
„Das ist Mein Wort. Alpha und Omega")

Gott lässt sich finden

Aus einer Lehrstunde von Gabriele
am 9. März 1997

So mancher sagt: „Ich bin ein Gottsucher – wo ist Gott?"

Gott suchen heißt, Gott in seinem Inneren zu suchen, denn jeder Mensch ist der Tempel Gottes, und Gott wohnt in uns. Es steht auch geschrieben: „Suchet, und ihr werdet finden." Wahre Gottsucher sind auch von Gott Gesuchte. Das heißt: Wer wahrhaft Gott sucht, der bemüht sich, allmählich zu erkennen, was Gott will.

Was will Gott von Seinen Kindern? Er möchte, dass Seine Kinder Schritt für Schritt Seine Gebote halten. Wer ein kleines Gebot Gottes erkennt und versucht, den Schritt zu tun, also dieses Gebot zu erfüllen, dem kommt Gott mehrere Schritte entgegen.

Wir Menschen haben die Angewohnheit, Gott irgendwo zu suchen – doch Er ist immer bei uns, Er ist immer in uns.

Wer Gott wahrhaft sucht, der wird Ihn finden. Suchen wir Gott, dann sollen wir in unser Inneres einkehren in dem Bewusstsein: Gott ist in uns, und Gott lässt Sich finden bei jedem Schritt, den wir hin zu Gott in uns tun, indem wir das kleinste Gebot erfüllen, z.B. mit unserem Nächsten Frieden zu schließen und Frieden zu halten. Wir fühlen dann Seine Nähe, denn wir werden friedvoller, einsichtiger, verständnisvoller, ruhiger. Das ist die Nähe Gottes; damit kam Er uns schon einige Schritte entgegen.

Das Reich Gottes ist inwendig in uns, und jeder von uns hat den Schlüssel in das innere Reich – es ist Christus, es ist die Erlöserkraft in uns und letztlich auch die Lehre der Bergpredigt. Erfüllen wir Teilchen – ich betone bewusst: „Teilchen" – der Bergpredigt, dann gewinnen wir den Schlüssel: Christus in uns. Mit diesem Schlüssel erschließen wir allmählich das innere Reich, das Reich Gottes, und wir finden Einlass. Wir werden dann erkennen, dass Gott Liebe ist. Wir werden erkennen, dass Gott uns liebt, jeden Einzelnen, ja den größten Sünder. Er liebt uns. Wir werden dann auch erspüren: Gott ist Stille – denn wir werden ruhiger, weil wir mit unserem Nächsten Frieden schließen und verständnisvoller sind.

Auf diese Weise erlebt der Gottsucher Gott. Er wird Gott nie ganz und gar kennenlernen, weil Gott allumfassend und mächtig ist: Er ist in allen Kräften des Seins, in den Naturreichen, im Atom, Gott ist überall – doch erkennen dürfen wir Ihn in den kleinsten Schritten, die wir hin zu Gott in uns tun.

Die kleinsten Schritte sind, wie gesagt, Teilchen der Gesetzmäßigkeiten. Erfüllen wir sie, indem wir uns nicht nur vornehmen, das zu tun, was Gott will, sondern Tag für Tag diese Teilchen erfüllen, diese kleinen Gesetzmäßigkeiten, dann wachsen wir und reifen in unser Inneres hinein und schließen mit der Hilfe unseres Erlösers Christus das innere Reich auf. Dann fühlen wir, dass wir plötzlich größere Schritte tun können. Wir erfüllen immer mehr Seine Gebote und fühlen uns aufgenommen in eine unendliche Liebe, die wir erspüren dürfen, die wir jedoch nie ganz kennenlernen können, solange wir Menschen sind. Erkennen, erspüren dürfen wir sie, und das sollte uns Hilfe und Wegweisung sein.

Wer glaubt, dass Gott existiert, der verpflichtet sich gleichsam, den Weg in das Innere zu tun. Ein solcher Mensch kompliziert sein Leben nicht mehr mit vielen Theorien und Phrasen, wie er Gott wohl gefunden hat, welche Möglichkeiten er ausgeschöpft hat, wie er die Gesetzmäßigkeiten Gottes erfüllt hat – er tut es, denn er fühlt die Nähe Gottes, die Hilfe des Christus Gottes. Und er weiß: Der kleinste Schritt führt hin zum großen Schritt, zu Gott. Und er fühlt: Ein kleiner Schritt getan – und Gott kommt ihm mehrere Schritte entgegen.

Sehen wir Gott nicht als etwas, das fern von uns ist, das uns bestraft, das uns züchtigt. Wir Menschen bestrafen und züchtigen uns selbst durch unsere Sünden, die Ursachen sind und als Wirkungen wieder auf uns zukommen. Doch Gott liebt uns, Er liebt den größten Sünder.

Hören wir etwas mehr auf unser Gewissen, dann, wenn wir sündigen wollen, dann fühlen wir, wie die Liebe, Gott, an die innere Pforte pocht – es ist unser Gewissen, das zu uns spricht: „Denke um, denke nicht so gegen deinen Nächsten! Rede nicht so gegen deinen Nächsten! Denke um – in deinem Nächsten ist Gott, so, wie Er auch in dir ist. Denke um und beginne, deinen Nächsten zu verstehen. Denke um, vergib ihm das, was er dir angetan hat, und bitte auch deinen Nächsten um Vergebung. Tue dies!" – Das ist das feine, zarte Gewissen; es sind Impulse aus dem Innersten, aus dem Reich Gottes; es ist das Göttliche in uns, das uns immer mahnt, jedoch nie zu etwas zwingt oder gar zu etwas drängt. Es spricht zu uns, und so wir umkehren, mit unserem Nächsten Frieden schließen, merken wir, wie sich unser Bewusstsein erweitert und uns Gott näherkommt. „Suchet, und ihr werdet finden!" Gott lässt Sich finden, nicht im Äußeren, nicht da und dort, nicht in prunkvollen Kirchen, sondern schlichtweg in uns selbst.

Und sind wir einmal unruhig, sind wir getrieben – die Natur zeigt uns die Ruhe, in ihr ist Wachstum; es ist wieder Gott. Die Natur will uns helfen, dass auch wir in Gott erblühen, durch Gott reifen, um heimzukehren in das Reich

Gottes, dann, wenn es der letzte Tag in diesem irdischen Dasein ist. Möge der letzte Tag unseres irdischen Daseins gleichsam der erste Tag im Reiche Gottes sein!

Es ist die große Liebe Gottes und Seine mächtige Demut, dass Er auf alle Seine Kinder eingeht. Auch wenn das Kind nur den kleinsten Schritt tut – Er geht auf Sein Kind ein, denn Er liebt es und will es wieder ganz bei Sich haben.

Wir wissen ja, dass unser Leben ein Sturm- und Wellengang ist, ein Auf und Ab, doch wenn wir das viele, allzu viele Menschliche, das Sündhafte, nicht zulassen und uns Gott zuwenden in der Bitte um Beistand und um Hilfe, dann werden wir ruhiger werden. Dieser Sturm, dieser Wellengang des Lebens ebbt allmählich ab, und wir erfahren, was Ruhe bedeutet.

Ruhe heißt: Wir können einmal über etwas nachdenken, über das, was uns beschäftigt, um zu ergründen, warum uns dieses oder jenes so sehr in Anspruch nimmt und ob das Gottes Wille ist. Alleine schon, wenn wir ein wenig die Ruhe bekommen, um nachzudenken, ob das, was wir denken und tun, Gottes Wille ist, dann merken wir im Herzen bereits die Hilfe. Es kommt ein kleiner Hauch von Erkenntnis: „O Gott, hilft mir!“ – eine Spur, um unsere Gedanken, unser Wollen in der Tiefe zu ergründen, und wir werden finden, was uns so bewegt. Bereinigen wir es mit der Hilfe unseres Erlösers, dann fühlen wir, was Ruhe heißt.

Ruhe heißt auch ausgewogen sein, denn wir wägen mit dem Oberbewusstsein das ab, was uns bewegt, um es zu bereinigen. Entweder holen wir es dann aus dem Unterbewusstsein heraus, um es mit der Hilfe des Christus Gottes aufzulösen, es gleichsam umzuwandeln, oder wir lassen im Oberbewusstsein gar nicht zu, was in das Unterbewusstsein möchte. Tun wir das, dann erweitert sich unser Bewusstsein; wir werden ruhiger, wir kehren nach innen.

Gott ist die Stille. Vor der Stille steht die Ruhe – ruhiger zu werden, um einzukehren in die Stille. Das gelingt nur dann, wenn wir in den Wellengang unseres Lebens hineinblicken, um das und jenes zu bereinigen, damit der Sturm der Sünden abebbt.

Der wahre Gottsucher bleibt beharrlich, Gott zu finden! Auch im hohen Wellengang des Allzumenschlichen, wenn er aufgeben möchte, kommt jemand auf ihn zu, und durch dessen Augen schaut Gott ihn an und sagt: „Gib nicht auf, halte durch, du wirst Mich finden!“ – und wer durchhält, der gewinnt.

Wir Menschen komplizieren unser irdisches Leben zu sehr, weil die Sünde nun mal kompliziert ist. Je größer unser Sündenpotential ist, umso komplizierter sind wir. Doch irgendwann müssen wir den ersten Schritt tun und sagen:

„Wenn ich daran glaube, dass es einen Gott gibt, dann muss ich beginnen!“ Meist wollen wir dann einen großen Schritt tun, und dann versagen wir.

Liebe Mitmenschen, der kleinste Schritt wird von Gott belohnt! Und genau der kleinste Schritt ist maßgebend, um größere Schritte zu tun. Denken wir an ein Kleinkind – bis es sich aufrichten kann, bis es steht. Ein kleiner Schritt, und es fühlt die Freude, es fühlt auch die Belohnung von den Eltern; die Eltern freuen sich. Und wie viel mehr freut Sich Gott, unser ewiger Vater, über den kleinsten Schritt von uns?

Gott gab Seinen Kindern den absolut freien Willen. Der freie Wille ist das Gesetz in der großen Liebe Gottes. Gott schenkte Seinen Kindern das Reine, die Unendlichkeit als Erbe. Und die reinen Wesen leben im Erbe, erfüllen das Erbe Gottes: Sie erfüllen das Gesetz der Liebe, der Freiheit, der Einheit, der Gemeinsamkeit. Gott ist der Geist der Evolution. Er schafft aus Sich heraus immer weitere Welten, geistige Sonnen, geistige Wesen, aber sie alle sind eingebettet in das große Erbe. Jedes hat gleich viel, nämlich das Ganze.

Der Freie Geist, Gott, hat natürlich auch uns die Freiheit gegeben, denn auch wir waren im Ewigen Sein reine Wesen, frei in Gott. Und die Freiheit in Gott bewirkt im Ewigen Sein, dass jedes Geistwesen in Gott schöpferisch ist, indem es nach den Gesetzen des inneren Lebens, nach den Gesetzen des Geistes Gottes, fühlt und auch handelt. Wir Menschen sind Kinder Gottes, auch wenn wir das Sündhafte um uns tragen– es ist der „Mantel“, es ist der Mensch, der sich schuf durch falsches Denken, also vom Verstand her, vom falschen Denken gegen Gott.

Gott wird uns niemals die Freiheit nehmen. Er wird uns das Negative, das Allzumenschliche nicht einfach nehmen oder es unterbinden, sondern wir müssen es selbst erkennen durch das Gesetz der Freiheit. Und wer es erkennt, der kehrt um und versucht, Gott näherzukommen – und er wird Gott auch näherkommen. Und so, wie er Gott näherkommt, wird er das, was in der Welt geschieht, niemals bejahen bzw. zulassen.

Wenn es auch noch so drunter und drüber geht in dieser Welt: Christus ist der Sieger, aber nicht mit Gewalt, nicht mit Kampf, sondern indem Er auf den Einzelnen zugeht – Christus in uns –, an die Pforte des Einzelnen klopft und sagt: „Lass heute deinen ersten Tag in Mir werden! Tue das, was du an Sündhaftem erkannt hast, nicht mehr. Bereue und bereinige es, und erfülle Schritt für Schritt die Gebote, dann weißt du, wer du letztlich bist: ein Kind Gottes mit dem feinen Gefühl der Seele, durch die Gott dann zum Menschen spricht und durch den Menschen handelt.“

Was ist wahres Glück?

Aus einer Lehrstunde von Gabriele
am 20. Januar 2008

Viele Menschen sagen: „Ich tue und lasse, was ich will, dadurch bin ich frei“. – Wenn das so wäre, müssten doch alle Menschen, die das sagen, glücklich sein. Warum sind aber die wenigsten Menschen glücklich, und schon gar nicht jene, die sagen: „Ich bin frei, ich tue und lasse, was ich will“?

Woher kommt das Unglücklichsein in unserer Gesellschaft? Woher kommt die Enttäuschung und die Bindung an Menschen, an Geld und an Güter? Doch nur dadurch, weil wir Menschen die Tage nicht nützen und immer nach mehr gieren. Die Ichsucht wird immer größer und schlägt Kapriolen, denn man hört in Rundfunk und Fernsehen: Die Schere zwischen reich und arm geht immer weiter auseinander. Aber auch die Reichen sind nicht glücklich. Warum? Weil selten ein Mensch – ob reich oder arm oder der Mittelstand, wie wir so sagen – die Tage nützt. Viele Menschen, ja die meisten, leben in den Tag hinein, erstellen Zukunftspläne und arbeiten darauf hin, in der Zukunft dies oder jenes zu besitzen, in Zukunft auf der Leiter des Erfolgs höherzukommen, in Zukunft die sogenannten Lebensreize auszukosten, und vieles mehr. Dadurch wird der Tag nicht genützt.

Was wir an den Tagen denken, die wir nicht nützen, das kommt wieder; es kommen wieder die Eingaben, die wir an diesem Tag gemacht haben. Wir wissen gar nicht, was wir eingegeben haben, weil wir ständig auf die Zukunft hinarbeiten. Dadurch fühlen und spüren wir auch gar nicht, wer wir sind. Wir wollen etwas, das unter Umständen gar nicht in unseren Genen liegt. Wir wollen einen bestimmten Beruf ergreifen, auf der Leiter des Erfolgs höherklettern. Vielleicht liegt das jedoch gar nicht in unserem Genmaterial, vielleicht hat die Seele das gar nicht mitgebracht. Aber wir gieren danach und vergessen, dass wir heute, an diesem Tag, auch leben und dass dieser Tag unser Tag ist, der uns Verschiedenes zuspiegeln möchte.

Der Tag kommt in unsere Gedanken, in unsere Vorstellungswelt hinein, in unsere Wünsche und in unsere Leidenschaften. Wohin ziehen die Wünsche? Sie ziehen doch meist zu unseren Nächsten. Das heißt, wir haben Erwartungen an unsere Mitmenschen, z.B. dass bestimmte Menschen das einbringen, das für uns tun, was wir erwarten. Tun sie es nicht, dann sind wir nicht nur enttäuscht, sondern wir werten sie ab, bewerten sie, beschimpfen sie. All diese Gedanken, all diese unschönen Neigungen prägen unsere kommenden Tage.

Der heutige Tag, an dem wir enttäuscht sind, gibt es weiter an die nächsten Tage. Und all das, was wir heute fühlen, denken, sprechen und tun, das kommt an einem anderen Tag wieder auf uns zu. Also sind doch wir selbst vielfach die Bremsen für unsere Zukunft – wir bremsen heute das, was wir uns eventuell morgen wünschen.

Durch unsere Erwartungen schaffen wir Abhängigkeiten. Wir sind letztlich abhängig von unserem Nächsten, der für uns etwas tun soll oder gar tut. Wir verpflichten uns wiederum diesem Menschen gegenüber, etwas für ihn zu tun, damit er für uns das tut, was wir wollen. Wir geben ihm schöne Worte, wir machen eine Geste mit Blumen oder einem kleinen Geschenk – jedoch mit dem Hintergedanken, dass er weiter das oder jenes für uns tut. Tut er es nicht, sind wir wieder enttäuscht. Und diese Enttäuschung wirkt sich aus in Feindseligkeit, bis hin zum Streit.

Dabei denke ich an Ehe und Partnerschaft. Gerade in Ehe und Partnerschaft entstehen diese Bindungen. Wir erwarten von unserem Partner, dass er für uns dies oder jenes tut. Wir erwarten von unserem Partner, dass er uns lobt, dass er uns z.B. als Frau schön empfindet und vieles mehr. Verhält sich unser Partner nicht so, weil er gerade andere Gedanken pflegt oder weil er betriebliche oder geschäftliche Sorgen hat, dann sind wir schon enttäuscht. Diese Enttäuschung wirkt sich wieder gegen den Partner aus. Ein anderes Mal erfolgt Ähnliches: Der Partner, von dem wir etwas erwarten, tut es nicht. Zweifel kommen auf, unschöne Worte fallen, es kommt zum Streit bis hin zu Feindseligkeiten in Ehe und Partnerschaft. Derjenige, der enttäuscht ist, sagt sich: „Ich werde es ihm heimzahlen! Wenn *er* einmal von mir etwas möchte, dann tue ich auch nichts für ihn." So entstehen die gegenseitigen Bindungen, das Misstrauen, die Feindseligkeit. Das Misstrauen und die Feindseligkeit führen unter Umständen zu Streit bis hin zum Hass und dann zur Trennung.

Es ist ganz etwas anderes, wenn wir unseren Nächsten um etwas bitten: „Könntest du das bitte für mich tun?" Diese Bitte sollten wir aber nur dann aussprechen, wenn wir das, worum wir bitten, nicht selbst tun können, gleich, aus welchem Grund. Erfüllt der Partner unsere Bitte, dann fühlen wir, dass er uns entgegenkam. Wir können dann auch danken, und es entsteht eine Verbindung.

Bitten heißt also, nicht verlangen, sondern bitten, weil wir augenblicklich etwas nicht selbst vermögen. Daraus erfolgt ein „Danke" und eine gewisse Freude, die sich überträgt auf das Vertrauen.

In jeder Bindung liegen die Zweifel dem anderen gegenüber, gerade in Ehe und Partnerschaft. Aber im Vertrauen liegt Gemeinsamkeit und ein Miteinander. Die Kirchen sprechen davon, dass aus der Ehe heraus der Friede entstehen soll. Ja, wie denn? Doch nur, indem man das achtet, was Jesus von Nazareth sagte: „*Was du willst, dass dir andere tun sollen, das tue du ihnen zuerst!*" Anders gesprochen: „Was du nicht willst, dass man dir tu', das füg' auch keinem anderen zu!"

Wenn wir vom anderen etwas verlangen, was wir selbst tun könnten, und unser Nächster tut es nicht für uns, dann entsteht Zwietracht. So ist es in der Ehe, so ist es im Miteinander im Alltag, im Beruf, in der Gesellschaft, im Freundeskreis – überall. Wenn wir aber etwas nicht erfüllen können, weil wir es momentan nicht vermögen, und wir bitten unseren Nächsten darum, dann ist das etwas ganz anderes, und das führt zur Freundschaft, das führt zum Frieden, das führt zu einem Miteinander. Alles andere ist aufgesetzt, alles andere führt zu Abhängigkeit, zu Streit, zu Unglücklichsein, zum Unfrieden.

Denken wir auch über den Wunsch nach Anerkennung nach. Was bedeutet das? Wir erwarten. Und wir binden uns an den, der uns lobt; von ihm wollen wir immer mehr. Warum können wir uns nicht auf uns selbst besinnen? Wir geben unsere geistigen und physischen Qualitäten ab, indem wir uns ständig an andere binden, indem wir von ihnen etwas erwarten.

Glücklichsein heißt, dass wir nicht nur zu uns selbst stehen, zu uns als Mensch, sondern auch zu dem, was uns Jesus von Nazareth lehrte, denn Jesus, der Christus, lehrte uns ja die Unabhängigkeit, die frei macht.

Woraus entsteht denn oft die Unfreiheit? – Weil viele mit sich selbst unzufrieden sind. Wodurch entsteht die Bindung an den anderen? Indem wir von ihm erwarten, was wir nicht haben. Wir brauchen Anerkennung, wir brauchen Lob, wir brauchen die „Wortwerte" von anderen. Bekommen wir sie nicht, dann fühlen wir uns unglücklich, fühlen uns minderwertig, dann sind wir missmutig, kurz gesagt: total unzufrieden bis hin zu frustriert. – Warum? Weil wir immer auf die anderen blicken, dass sie uns aufwerten.

Solange wir das tun, werden wir nie frei. Ich bin heute mehr denn je überzeugt: Die Freiheit entwickelt sich nur aus uns selbst, aus jedem Einzelnen. Jeder sollte sich selbst genau anschauen und sich auch einmal im Spiegel betrachten. Wer frei werden möchte, sollte seine Gedanken, seine Gefühle, seine Wünsche, seine Leidenschaften analysieren in der Frage: „Passen sie zu mir? Oder erwarte ich damit nur etwas?" Allein schon, wenn sich ein Mensch im Hinblick auf andere kleidet, dann verkleidet er sich. Er kleidet sich also nicht seiner Mentalität, nicht seinem Wesen entsprechend – er verkleidet sich, um anderen zu gefallen. Hier haben wir die Gefallsucht. Wird die Gefallsucht nicht erwidert, dann ist der Mensch total am Boden. Und so erleben wir die Verkleidung, die zwischendurch wie eine Theateraufführung anmutet. Der Mensch kleidet sich anders, der Mensch gibt sich anders, um Lob, Anerkennung und Aufwertung zu erhalten.

Tun wir das nicht, sondern gehen wir auf unsere Basis zurück und achten darauf, dass wir einigermaßen mit uns selbst zufrieden sind, dann wird unser Bewusstsein weiter, und wir werden auch großzügiger gegenüber unserem Nächsten. Die Voraussetzung ist natürlich, dass wir die Tage nützen und unsere Lebenssituation anschauen, dass wir nicht die Ichsucht aufbauen in Wünschen, in Leidenschaften für die kommende Zeit – z.B. Geld, Güter und vieles mehr. Wenn wir das tun, dann leben wir nicht, und wir werden unsere Tage nicht nützen, sondern wir gieren auf die Zukunft hin – und die Zukunft bringt uns bestimmt nicht das, was wir uns wünschen. Denn das, was wir vorher eingegeben haben, das kommt in der Zukunft auf uns zu.

Und sollte einmal ein Armer reich werden, dann stellt sich die Frage, ob er glücklich ist mit dem Reichtum, den er sich von Jugend an gewünscht hat. Vielleicht für kurze Zeit, dann ist er wieder unglücklich. – Warum? Weil die Tage, die er nicht genützt hat, auf ihn als Reicher zukommen und ihn unglücklich machen. Dann sagt er vielleicht: „Ich habe meine Jugend nicht genützt, ich habe mein ganzes Lebensalter nicht genützt, was nützt mir der Reichtum?“ Das ist die Spirale nach unten.

Der Lebenszyklus nach oben muss immer bei uns selbst beginnen. Die Unzufriedenheit steckt in uns selbst – wir wollen etwas vom Nächsten. Warum können wir nicht erst einmal so weit zufrieden sein, wie wir augenblicklich sind, wie uns das Leben geschaffen hat? Was wir haben, was wir durchdringen in unserem Leben, womit wir zufrieden sind, das macht uns glücklich. Aber das Gieren, dass andere uns glücklich machen, das führt immer nach unten.

Das heißt also, wir müssen zu uns selbst finden, erst einmal zu uns als Mensch und dann darüber hinaus zu den inneren Werten. Beides, der Mensch und die inneren Werte, bilden den Charakter, der uns frei macht, weil wir andere nicht mehr abwerten, weil wir von anderen nichts erwarten, weil wir aus uns herausgewachsen sind, aus unserem Inneren, und uns nichts vergeben, wenn wir um Hilfe bitten, weil wir dies und jenes augenblicklich nicht tun können.

Man kann zueinander ehrlich sein, weil der, der frei ist, vom anderen nichts erwartet – und dadurch ist er auch ehrlich. Er kann auch ehrlich seine Schwächen zugeben und sagen: „Hier, das sind meine Schwächen." Aber er verlangt nicht, dass andere seine Schwächen kaschieren, indem sie ihn loben und vieles mehr.

Das Beste aus jedem Tag zu machen heißt, unsere Evolution einzugeben, eine Zukunftsperspektive wohl zu schaffen, aber nicht nach deren Erfüllung zu gieren, sondern sie jeden Tag Schritt für Schritt anzustreben. Das Beste aus jedem Tag zu machen heißt aber auch, für uns das Beste zu machen, zu uns selbst zu finden.

Wir kommen aus dem Ewigen Reich, aus dem Reich Gottes, und sind inkarniert. Deshalb kam ja Jesus, der Christus, zu uns und brachte uns die Gesetze des Lebens, des Reiches Gottes. Wir lesen sie in der Bergpredigt ebenso wie in den Zehn Geboten, die Gott durch Mose gab.

„Was du willst, dass dir andere tun sollen, das tue du ihnen zuerst", anders gesprochen: „Was du nicht willst, dass man dir tu', das füg' auch keinem anderen zu" – diese Sätze sind Lebensweisheiten, die zur Lebensqualität führen und uns mit unseren Mitmenschen leben lassen. Ob in der Familie, ob in der Partnerschaft, ob im Arbeitsbereich, im Freundeskreis, wo wir uns auch befinden – wir müssen lernen, zu uns selbst zu finden.

Und wenn wir unzufrieden sind, müssten wir uns eigentlich hinterfragen: „Womit bin ich unzufrieden?" Das „Womit bin ich unzufrieden" beinhaltet doch schon wieder: Mach' das Beste daraus!

„Ich bin unzufrieden mit mir selbst" – ja, womit denn? Mach' das Beste daraus! Jeder Tag ist eine Hilfe, aus jedem Tag das Beste zu machen, und letzten Endes auch für uns das Beste. Und so finden wir ganz allmählich heraus aus dem Knäuel von Bindungen, Erwartungen, von Unzufriedenheit, von Abhängigkeit, von Feindseligkeit, von Enttäuschung und vielem mehr. Mache jeden Tag das Beste aus dir, aus deinem Leben. Gleich, wo du bist, übe dich und denke immer an die Worte des Jesus von Nazareth: „*Was du willst, dass andere dir tun sollen, das tue du zuerst.*" Wir erwarten nichts von anderen – wir erwarten alles von uns selbst!

Wenn wir frei sind, verwurzelt in der Lehre des Jesus, des Christus, dann werden wir auch nie darben – das ist gewiss. Wir werden nicht den überschwänglichen Reichtum haben, wir werden auch nicht nach Macht und Ansehen streben – wir sind genügsam. Und in der Genügsamkeit, die in uns selbst wurzelt, liegt die Freiheit – und Freiheit macht glücklich.

Ich habe ein ganz einfaches Rezept: Ich bin immer dann glücklich, wenn ich einen anderen glücklich machen kann. Glücklichsein heißt, sich nicht an den Nächsten zu binden. Mache den anderen glücklich mit guten Gedanken, mit einigen ehrlichen, vertrauten Worten, mit den entsprechenden Hilfen – so, wie ich zu helfen vermag, im Gebet, das ich aber auch selbst erfülle. Dann werden diese Gedanken auch die Menschen erreichen, die dafür aufgeschlossen sind, und ich habe sie damit ein klein wenig glücklich gemacht. Das bringt mir das meiste Glück.

Der redende Gott

Aus einer Lehrstunde von Gabriele
am 29. Mai 2009

Gott, der Ewige, ist der ewig sich offenbarende Geist. Unermüdlich redet Gott jeden Augenblick in unserem Herzen. Gott, unser Vater, lehrte uns in Seinen Geboten: *„Du sollst keine fremden Götter neben Mir haben."* Wir Menschen haben uns so viele „Götter" angeeignet, dass wir uns vom All-Einen, dem ewigen Gott, dem redenden Gott, der unser Vater ist, entfernt haben.

Unsere „Götter" heißen: Abwertung, Aufwertung, egozentrisches Verhalten im „Mein" und „Mir". Für viele Menschen ist der Nächste ein Fremder, obwohl er in der Tiefe der Seele ihr Bruder, ihre Schwester aus dem Reich Gottes ist. Habgier, Neid, Missgunst, Feindseligkeit, Feindschaft, kriegerisches Verhalten gegen den Nächsten in Gedanken und Worten sind einige dieser gottfremden „Götter". Sie sind für viele von uns die „Götter", die wir anbeten, denen wir uns unterwerfen, und sie reden uns ein, dass wir uns ihnen immer mehr zuwenden sollen. Sie reden und reden und führen uns in die Schatten des Daseins, so dass wir kaum mehr erkennen, dass der redende Gott allgegenwärtig ist und dass Er in uns spricht. In jedem Baum, in jeder

Pflanze, in jedem Strauch, in jedem Tierlein – Er redet in den mächtigen Gestirnen des Alls.

Gott, das All-Gesetz, ist allwirkend, auch im Bereich der Materie. Wir erkennen, dass der redende Gott der Geist der Liebe ist, der Geist der Allgegenwart, der ewig redende Geist unseres ewigen Vaters.

Wir Menschen brauchen oftmals ein Bild, um zu verstehen, dass wir Gott, unseren ewigen Vater, und Christus, unseren Erlöser, nicht mehr vernehmen können, wenn wir uns von Gott abwenden. Wir setzen uns den Schatten der „Götter" aus.

Wie ist es, wenn sich unser Erdteil von der Sonne abwendet? Dann wird es für uns dunkel – doch die Sonne scheint unentwegt! Ähnlich ist es in unserem schattenreichen Dasein. Gott, das ewige Licht, leuchtet allgegenwärtig und strahlt in uns. Und jeder göttliche Liebestrahl ist das Wort der Liebe an uns. Wenn wir jedoch ein Schattendasein führen – wie können wir die Sonne aufnehmen, das Licht, die Liebe, das Wort des Ewigen?

Würde ein Erdteil lange, lange Zeit ohne das Licht der Sonne sein, ohne die wärmenden Strahlen der Sonne, dann gäbe es auf dem Erdteil Moder; die Vegetation könnte nicht mehr existieren. Jede Blume würde knicken, jeder Strauch würde die Blätter fallen lassen. Kein Baum könnte mehr Früchte geben. Es ist die Dunkelheit.

Ähnlich sieht es bei vielen Menschen im Körper aus. Die Seele hat sich verdunkelt, weil sich der Mensch von Gott abgewendet hat. In der Seele ist die Quelle des Lichts, das Wort Gottes, der ewig redende Geist. Doch unsere Körperzellen vegetieren dahin. Wir klagen über Krankheit, Not, über Leid, über unsere Schicksale. Wir stehen in der Dunkelheit, abgewendet vom Licht Gottes. Die Dunkelheit greift um sich. Es ist so, als würde sich ein Erdteil nicht mehr der Sonne zuwenden.

Einerlei, welche Sprache wir Menschen sprechen – Gott hat nicht die Sprache der Menschen, aber Er strahlt in unsere Gedanken, in unsere Worte hinein und will uns etwas sagen. Was?

Das Erste, das Er uns sagen könnte, ist: „Ich Bin dein Herr und Gott. Du sollst keine fremden Götter neben Mir haben."

Das Zweite, das Er uns sagen könnte: „Siehe, Ich habe dir die Zehn Gebote durch Mose gegeben – lebe danach!"

Und das Dritte, das Er uns sagen möchte: „O siehe, Mein Kind, du bist ja nicht alleingelassen! Ich habe dir Meinen

Sohn zur Erde gesandt, den Mitregenten der Himmel. Jesus von Nazareth, der Christus Gottes, wurde euer Erlöser. Er ist die Kraft und das Licht aus und in Mir. Er ist in Mir und Ich in Ihm. Es ist der Geist des Christus Gottes. Er redet in dir, in jedem von euch. Achte auf die Lehren Meines Sohnes", so würde der Herr zu uns sprechen, „und du wendest dich dem redenden Gott zu, dem Christus Gottes, und empfängst das Licht, das Wort, die Hilfe, die Liebe, die Wärme, die Geborgenheit und den Schutz."

Viele nennen sich Urchristen. Und so mancher Urchrist, aber auch so manch anderer – ob er sich Christ nennt, Moslem, Hindu oder Atheist – kann das Wort der Liebe spüren, den redenden Gott, der uns z.B. aufzeigt, dass wir jetzt und heute die Gebote halten sollen.

Jedem von uns sind die Lehren des Christus gegeben, in denen Er uns immer wieder, auch jetzt und heute, über unser Gewissen aufzeigt, dass wir für die Sünde, die uns bewusst wird, Reue entwickeln, sie bereinigen und nicht mehr tun sollten. Wir spüren es in den feinen Regungen unseres Herzens.

All das sind Impulse der Liebe, es ist der redende Gott. Er möchte, dass wir auf diese Weise in Harmonie kommen mit Ihm und mit unserem innersten, ewigen Wesen, das aus Ihm kommt. Er möchte, dass wir mit uns selbst und mit Ihm inniglich verbunden, ja eins sind.

Vielleicht fällt uns plötzlich eine wunderschöne Blume ins Auge, eine Rose, eine Nelke, eine Narzisse – ihr Duft ist das Wort der Liebe; es ist der Duft der Heimat; es ist der redende Gott, der uns zeigt, dass in allem das Leben ist. Leben ist Kommunikation, und Kommunikation ist die Sprache der Liebe.

Denn erhebt sich die Sprache der Liebe in unserem Herzen; so gewinnen unsere Gebete an Lebendigkeit und Wahrhaftigkeit. Es sind dann nicht mehr bloße Worte, sondern die unmittelbaren Empfindungen des Herzens an den großen Geist, der jedem von uns so nahe ist. Wir sind dann wahrlich nicht mehr einsam und allein. Dann empfinden wir die Wärme und Güte Gottes in uns, Seinen Trost und Seine Fürsorge.

Alle Menschen, einerlei, welchen Glaubens sie sind, sind eingebettet in die große Liebe, in das Licht. Doch wir wollen das oftmals nicht wahrnehmen. Warum nicht? Weil wir noch nicht erfasst haben, dass es mehr gibt als das, was uns unser irdisches Leben präsentiert.

Wie lange wollen wir noch die Schatten lieben bzw. deren Vorhandensein akzeptieren? Wie lange wollen wir uns noch mit unseren „Göttern“ beschäftigen? Wir fühlen uns dann als Fremde. Warum? Weil es gottfremde Götter sind. Wir selbst haben sie geschaffen, und wir sollten sie auflösen. Dann wenden wir uns mehr und mehr dem Licht zu, wie der Erdteil der Sonne. Dann erwacht in uns die Morgenröte – es dämmert, das Licht geht auf, und wir fühlen: Gott ist gegenwärtig, jeden Augenblick.

Das war eine Botschaft des Herzens, die an uns alle gesprochen ist: ob Urchrist, Christ, Moslem, Hindu, Buddhist oder Atheist. Denn alle, alle tragen den redenden Gott in sich.

Wie wunderschön ist die Natur! Denken wir einmal an unsere Spaziergänge. Gehen wir mit unseren „Göttern" durch die Natur? Oder gehen wir an der Hand des Christus Gottes, der mehr und mehr in unserem Herzen die feine innere Empfindung wach werden lassen möchte, dass der Christus Gottes der redende Gott ist?

Wenden wir uns Christus in uns zu. Er wird sich niemals vor uns verschließen, sondern auf uns zugehen. Denn es steht geschrieben: *„Bittet, dann wird euch gegeben; sucht, dann werdet ihr finden; klopft an, dann wird euch geöffnet. Denn wer bittet, der empfängt; wer sucht, der findet; und wer anklopft, dem wird geöffnet."*

Erleben wir Christus in uns! Dann erleben wir auch Gott, unseren Vater, als die Schöpferkraft bei jedem Schritt und Tritt. Gerade dann, wenn wir einen erholsamen Spaziergang machen, können wir, wenn wir uns für Ihn öffnen, erspüren und ergründen: Gott ist gegenwärtig.

Das wünschen wir uns allen: die gegenwärtige Kraft zu erspüren. Dann erst fühlen wir uns aufgenommen in die Liebe, in die Fülle des Geistes, in den redenden Gott. Und wir merken: Wir sind nicht allein. Gott, unser Vater, ist gegenwärtig in uns, und Christus, unser Erlöser, wirkt im Geiste des Vaters. Wir sind geborgen, eingehüllt in ein mächtiges Licht. Es ist der Augenblick in Gottes Allgegenwart.

Und diesen zu erfassen und zu erleben in den verschiedenen Situationen unseres Alltagslebens, das gibt unserem Leben Sinn und Gehalt. Das erschließt uns eine Dimension des Lebens, die uns vorher verschlossen schien.

Bewahre in jeder Situation die innere Ruhe

Aus einer Lehrstunde von Gabriele am 26. November 1995

Gott ist ein naher Gott. Viele von uns sind immer noch geprägt von dem fernen Gott. Viele von uns glauben, wir müssen in die Himmel hineinbeten, um irgendwann Gott zu erreichen. Doch Gott ist einzig in uns erreichbar. Erst dann, wenn wir Ihn in uns erreicht haben, stellen wir die Kommunikation zu allen Dingen her, denn in allen Lebensformen ist Gott.

„Bewahre in jeder Situation die innere Ruhe" heißt auch, uns bewusst zu machen, dass Gott jedem von uns nahe ist.

Bewahren wir dieses Bewusstsein in unserem Herzen: Gott ist uns ganz nahe, Gott ist unser Gesprächspartner; Gott, die Liebe, Gott, unser Vater, der Geist der Liebe in uns, kennt uns; Er weiß um unser Für und Wider. Bewahren wir in unserem Herzen, dass wir mit Ihm sprechen dürfen, bewahren wir in unserem Herzen, dass Er uns liebt und uns niemals straft, dass alles, was an Negativem auf uns zukommt, Schicksalsschläge, Sorgen und dergleichen, unsere eigenen Eingaben sind, die Eingaben des Hasses, des Neides, der Zerstörung.

Doch Gott hat in Seinem Gesetz weder Hass noch Neid noch Zerstörung. Gott ist immer gleichbleibend, die helfende und gebende Liebe; Er ist der Vater, mit dem man sprechen kann. Wenn wir auch sagen: „Wir hören Ihn nicht", so müssen wir doch zugeben: Wir wollen Ihn so hören, wie *wir* es wollen. Doch Gott offenbart sich jedem von uns, Er offenbart sich nicht nur über das Wort „Ich Bin", sondern Er offenbart sich in den Situationen, die auf uns zukommen. Im täglichen Geschehen offenbart sich uns Gott.

Meist ist es doch so: Wenn eine unangenehme Situation auf uns zukommt, dann beginnt unser Blut aufzuschäumen, wir kommen in Wallung. Was heißt das? „Ich habe recht! Ich will die Situation so lösen, wie ich glaube, dass es richtig ist!" Dann können wir Gott nicht vernehmen.

Gott ist gerecht. Denn in jeder unangenehmen Situation, die uns zum Aufschäumen bringt, sind wir am Negativen beteiligt. Ich sage bewusst „beteiligt", denn auch unsere Nächsten, die mit in diese Situation verwickelt sind, könnten beteiligt sein. Sagen wir aber: „Ich löse die Situation so, wie ich will!" oder: „Die anderen sollen die Situation lösen!", dann sind wir unruhig; wir lassen Gott nicht walten. Doch in jeder Situation ist Gott, ist Gott die Hilfe. Und in allem Negativen, zu dem wir beigetragen haben, dass es augenblicklich so ist, wie es ist, ist wieder Gott die Hilfe.

Dass Gott uns in der Situation Antwort gibt, dass Gott für uns die Situation löst – dazu bedarf es zuerst einmal den Schritt des Glaubens. Glauben wir an den nahen Gott? Glauben wir, dass Er uns aus jeder Situation zu helfen vermag? Glauben wir, dass Er unser Vater ist? Glauben wir, dass wir Seine Kinder sind? Glauben wir, dass Er uns liebt? Glauben wir, dass Er uns hilft – nicht nur, indem Er sagt, wie wir es tun sollen, sondern, dass Er gerecht ist und in der Situation allen helfen möchte, die daran beteiligt sind?

Wenn der Glaube größer ist als ein Senfkorn, dann beginnen wir zu vertrauen. Und wenn das Blut einmal aufschäumt, dann sagen wir: „Herr, Du bist die Stille! Ich weiß, ich bin hier daran beteiligt, ich bin mit an dieser Situation schuld. Ich bereinige diese meine Schuld, meinen Anteil, doch Du, Du hilfst uns allen, diese Situation nach Deinem heiligen Gesetz der Liebe und Gerechtigkeit zu lösen."

Können wir das voller Vertrauen in unserem Herzen sprechen, dann wird es plötzlich warm in uns. Wir werden ruhiger. Das aufwallende Gemüt beruhigt sich, und in uns entsteht ein Ahnen – ein Ahnen, was wir zur Lösung der Situation beitragen können. Wir gewinnen plötzlich innere Ruhe. Unsere Sinne wenden sich nach innen. Der Gehörsinn wird plötzlich ganz ruhig und in der Ruhe ganz wachsam, und wir hören, was unser Nächster sagt. Aus dem, was er sagt, hören wir unter Umständen einen Aspekt der

Lösung heraus – es ist Gottes Antwort durch unseren Nächsten. Wieder bei einem anderen hören wir plötzlich aus dem Gespräch Aspekte heraus, die uns betreffen, wobei wir erkennen: Das ist unser Sündhaftes, unsere Schuld an dieser Situation. Wir fühlen dann im Herzen, dass wir immer ruhiger werden, weil sich die Lösung aufbaut – für uns persönlich und für die Situation.

In der Situation die Ruhe zu bewahren heißt also, uns zuerst einmal zu fragen: Glauben wir? Vertrauen wir uns Ihm, Gott, an, oder wollen wir, dass Er es so löst, wie wir es wollen? Wer kennt uns besser? Kennt uns unser Nächster? Er kennt uns nicht. Nicht einmal wir kennen uns bis zur Wurzel des Übels. Aber Gott kennt uns. Und wenn uns bewusst wird, dass Er uns für unser Sündhaftes nicht bestraft, sondern uns helfen möchte – aus der Situation heraus helfen, unseren sündhaften Anteil zu erkennen und zu bereinigen –, dann schöpfen wir Vertrauen in dem Bewusstsein: Nur auf Ihn ist Verlass, einzig auf Ihn ist Verlass.

Wenn wir das bewahren können, dass wir uns einzig auf Ihn verlassen können – ja, wohin wenden wir uns dann? Doch nur an Ihn! Außer, wir wollen etwas von Menschen. Dann gehen wir zu Menschen. Und Menschen teilen immer ihr Allzumenschliches mit, sie teilen ihr Ego-Selbst mit. Sind wir damit zufrieden, dann werden wir niemals eine Situation gerecht und somit nach Gottes Willen lösen können, sondern wir schaffen schon wieder weitere gegensätzliche Situationen.

Deshalb: In der Situation Ruhe zu bewahren heißt auch, uns zu hinterfragen: Wie stehe ich zu Gott, meinem Vater, und zu Christus, meinem Erlöser?

Es geht um die Bewusstwerdung, die tägliche Bewusstwerdung – und das immer wieder aufs Neue: „Er ist ein naher Gott", die Bewusstwerdung, die wir im Herzen bewahren sollen: „Gott liebt uns, Gott kennt uns, auf Ihn ist Verlass. Er löst mit uns und durch uns und durch alle die Situation gerecht, so dass wir keine weiteren Schwierigkeiten mehr aufbauen."

Wenn uns das bewusst wird, und wenn wir im Laufe der Zeit hineinwandern in unser Inneres und erkennen, dass es gar nichts nützt, auf unser Ego zu bauen, auch nicht auf das Ego unseres Nächsten – es verwirrt uns nur und bringt immer weitere Schwierigkeiten –, dann geben wir uns Ihm hin. Doch die Hingabe an Ihn heißt wieder: „So, wie Du die Situation löst, so wie Du durch mich wirkst, ist es gerecht!"

Die Gerechtigkeit Gottes ist meist anders, als wir es wollen, als unsere Rechthaberei. Es sind nämlich unsere Probleme und Schwierigkeiten. Das Ego stellt sich immer über Gott, es will immer recht haben. Solange wir recht haben wollen, wollen *wir* die Situation lösen und schaffen daraus schon wieder Schwierigkeiten. Das ist die Unruhe unseres

Gemütes, und dadurch finden wir niemals zur Ruhe, niemals zu Gott und können auch niemals Gottes Gerechtigkeit walten sehen, Gottes Gerechtigkeit walten hören.

„Bewahre in jeder Situation die innere Ruhe." Wenn wir diese Aussage einmal auf unsere Gedanken oder auf unsere Gefühlswelt legen, dann wissen wir, warum wir in einer Situation die Ruhe nicht bewahren können.

Wir sollten dann, wenn eine Situation ansteht, nicht lange warten – wir sollten die Lösung sofort einleiten. Wenn es nicht gleich zu bereinigen geht, dann hilft es, immer wieder zu sagen: „Vater, nicht mein Wille geschieht, sondern der Deine. Du weißt um die Lösung, und zur rechten Zeit werde ich um die Lösung wissen." Wenn das vom Herzen kommt, dann spüren wir schon sofort Regungen des Inneren, und wir wissen, wie wir von uns aus zur Lösung beitragen können. Wesentlich ist jedoch immer wieder die Übergabe und die Hingabe an Gott: „Vater, nicht mein Wille geschieht, sondern der Deine!"

Der Ruf nach innen „Bitte hilf mir" ist die Hinwendung. Das Kind gibt sich jetzt, in diesem Augenblick der Situation, hin. Wir werden ruhiger, und die Antwort ist, dass wir unseren Teil erkennen, dass wir erkennen, was wir bereinigen und nicht mehr tun sollen. In dem Augenblick, in dem wir uns fest vornehmen, das nicht mehr zu tun, fühlen wir diese wunderbare Befreiung; es ist ein Gefühl des Inneren, das unbeschreiblich ist, wenn uns Gott auch auf diese Weise antwortet.

Man könnte auch sagen: Das ist ein Gespräch mit dem Herrn. Wir beten, und die Antwort oder die Lösung kommt. Sie muss nicht unbedingt aus unserem Herzen aufsteigen; wir haben es plötzlich im Gefühl, oder wir sehen ein Bild, oder ein anderer sagt: „Schaue doch mal da oder dort nach!" Die Antworten sind vielfältig – das sind Gespräche mit dem Herrn.

Unser Thema ist: „Bewahre in jeder Situation die innere Ruhe." Was könnten wir davon ableiten, z.B. für die kommende Woche, ja für unser weiteres Leben? – „Suche das Gespräch mit Gott." Das heißt nicht, dass wir hineinhören sollen – bitte, das sollten wir nicht tun! –, sondern uns Gott anvertrauen. Beginnen wir, uns zu fragen: Glauben wir? Vertrauen wir Ihm? Können wir uns Ihm hingeben? Im Gebet, im tiefen Gebet, in dem Ruf um Hilfe, in der Herzenshinwendung finden wir das Gespräch mit Gott. Er antwortet uns vielfach nicht im Wort aus dem Herzen, sondern Er antwortet uns, wie gesagt, durch unseren Nächsten, in der Situation; wir bekommen plötzlich ein warmes Gefühl, ein Bild steigt auf – und vieles, vieles mehr.

Gott spricht zu uns durch viele Münder. Bewahren wir dieses Bewusstsein: Gott spricht zu uns, doch Seine Liebe und Gerechtigkeit will es anders als wir es wollen, als das Ego es will – deshalb: die Hingabe.

Wir begrüßen den Frühling. Alles, was lebt, tragen wir in uns. Alles, was lebt, strahlt uns zu und spricht zu uns

Aus einer Lehrstunde von Gabriele am 8. April 1988

Wer immer mehr nach innen wandert zum „Königreich in uns“, der spürt auch die Heimat, das ewige Licht immer näher – und er wird immer mehr von seinen menschlichen Gedanken loslassen und sich selbst gar nicht mehr so wichtig nehmen.

In dem Augenblick, in dem wir uns nicht mehr so wichtig nehmen, erwacht in uns und um uns das Leben, und wir werden jeden Tag aufs Neue die Wunder des Lebens erfahren.

Weshalb sind wir alle in den Frühling hineingestellt? So, wie wir jeden Tag neu in den Tag hineingestellt werden, so sind wir auch wieder in diese Jahreszeit hineingestellt worden. Haben wir uns schon einmal Gedanken gemacht, warum? Es gibt doch keine Zufälle. Weshalb erleben wir im Erdenkleid den Frühling in diesem Jahr?

Möchte uns nicht auch der Frühling etwas sagen?

Gehen wir wachen Sinnes durch die Natur, dann erfahren wir, was uns der Frühling sagen möchte. Im Großen und Ganzen möchte er uns sagen: „Siehe, so wie alles aus der Erde sprießt, das Leben, so möchte Ich, der Geist, das Leben, aus dir herauswachsen zu Meiner Verherrlichung."

Wenn wir die Blumen, die Pflanzen betrachten, so sehen wir: Es wächst nichts von außen. Sonne, Regen und Wind braucht die Erde für das Wachstum, das heißt, Sonne, Regen und Wind brauchen die Pflanzen, die Sträucher, Bäume und Blumen. Doch es wächst nichts von außen – alles sprießt aus der Erde heraus und zeigt sich in den wunderschönen Farben und Formen. Es ist also ähnlich wie bei uns. Auch wir brauchen das Licht des Inneren – und, bildlich gesprochen, die „Wolken", um die Schatten unserer Seele zu erkennen. Haben wir die Wolken unseres Ichs beseitigt, dann strahlt von innen her die Sonne, und wir leuchten umso mehr.

Weshalb kommt der Frühling, weshalb der Sommer, weshalb Herbst und Winter? Weil sich der Planet im Frühling der Sonne zuneigt. Die Strahlung wird stärker, das Sonnenlicht intensiver, es durchdringt die Erde, und aus der Erde kommt die Vielfalt des Lebens.

Im Sommer kommen wieder ganz andere Blumen, wir sehen auch die Früchte, wie sie reifen. Den Herbst erleben wir wieder anders – ebenfalls die Vielfalt und die Form der Blätter, die Farben, das Äußere. Doch alles kommt „von innen", alles ist Leben aus Gott.

So wollen wir den Frühling in unser Leben einbeziehen. Erst, wenn wir uns dem inneren Licht nähern, beginnt es in uns zu sprießen und zu wachsen. Was wächst dann aus uns heraus? Die positiven Kräfte. Das Menschliche verschwindet; die hohe Ethik und Moral, das innere Leben wird wirksam, und wir sind ähnlich wie die Blume: Wir strahlen aus, was uns von innen her gegeben ist – Licht und Kraft.

Wenn wir die Blumen und die Pflanzen betrachten, so dürfen wir gewiss sein, dass alles uns anstrahlt und anleuchtet. Und alles, was uns anstrahlt, teilt sich uns auch mit. Wer glaubt, dass die Blumen, die Sträucher, die Bäume, all das Leben stumm ist, der hat noch nicht in sich das Leben entwickelt. Wenn wir die Vielfalt der Blumen und der Pflanzen sehen, die Zweige, so dürfen wir sagen: Jede einzelne Blume teilt sich uns mit. Wie ist das möglich? Die verschiedenen Blumen gehören zu einem Kollektiv, und dieses große Kollektiv ist in der Erdseele und strahlt das geistige Leben zu den Wurzeln, zu allem, was in der Erde ist und Leben trägt. Pflanzen, Blumen, Sträucher, Bäume, Tiere, ja sogar Steine teilen sich uns mit. Es ist das Kollektiv der Steine, das Kollektiv der Pflanzen, der Blumen, der Sträucher, das sich uns mitteilt. Wir erleben die Sprache der Natur und die Sprache der Tiere nicht außerhalb von uns, sondern in unserem Inneren, in unserem geistigen Leib, denn dort ist die Essenz aller Kollektive, sämtlicher Lebensformen.

Alles, was lebt, tragen wir in uns. Haben wir als Menschen diese Kollektive erschlossen, das heißt, liegen keine dichten Schatten darüber, Belastungen also, dann spüren wir in unserem Inneren, dass alles, was lebt, uns zustrahlt und zu uns spricht, sich also mitteilt. Wir freuen uns am Vogelgezwitscher. Hören wir genau hin, dann nehmen wir wahr: Die Vögel sprechen miteinander. Und haben wir die Kräfte der Vögel, das Leben, dieses Bewusstsein der Vögel, in uns erschlossen, dann hören wir in uns, was sie zueinander sagen.

Die Steine reden. Wir sind taub, solange wir nur an uns denken und glauben, wir wären nur Menschen aus Fleisch und Bein, Wasser und Erde. Wenn wir nur Menschen wären, dann hätten wir zum Leben um uns kaum eine Beziehung, weil wir diese Vielfalt nicht in uns besitzen würden. Doch unser geistiger Leib ist aufgebaut aus all diesen Lebensformen, und somit ist in uns der geistige Körper, der all diese Kollektive in sich birgt, denn alles, was wir sehen, ist Gesetz und somit Leben. In dem Augenblick, in dem unsere menschlichen Schatten von unserem Geistkörper weichen, spüren wir über Empfindungswellen: Die Natur teilt sich mit. Jedes Tierlein, und sei es noch so unscheinbar, gehört zu einem Kollektiv, sofern es noch kein Teilseelchen hat. Und dieses Kollektiv teilt sich wiederum uns mit. Wir hören es nicht im Äußeren, sondern wir vernehmen es in unserem geistigen Leib. Die Steine strahlen aus, sie leben, und was lebt, teilt sich uns mit. Die Gestirne strahlen, und die Essenz der Gestirne teilt sich uns mit.

Der Christus Gottes sprach in Seiner Offenbarung: *„Tretet euer Erbe an."* Was will Er uns denn damit sagen? „Tretet das Leben an, entwickelt das Leben, das Ich euch gegeben habe, die ganze Schöpfung als Essenz." Diese Essenz ist unser geistiger Leib. Wir sind also nicht nur Menschen, sondern wir bestehen aus Geist, Seele und physischem Körper – und letztlich sind wir unendlich reich, denn alle Lebensformen wollen uns dienen und erfreuen. Weder Pflanzen noch Steine, weder die Strahlung der Gestirne noch die Tiere wollen uns Böses – sie wollen uns dienen. Wenn wir sagen: „Viele Tiere greifen an", so sollten wir weit, weit zurückempfinden. Haben nicht wir uns selbst zu Kämpfern entwickelt gegen die Natur? Und viele Tiere, die eine Teilseele besitzen, nehmen unsere kämpferischen negativen Schwingungen auf, sie fürchten sich vor uns und greifen dann an.

Legen wir also unsere Kampfstimmung, unser menschliches Ich ab, werden wir wieder zu dem, was uns gegeben ist – Leben aus Gottes Leben – dann erfahren wir die

Unendlichkeit in uns, und keine Blume, kein Strauch, kein Baum, kein Stein, kein Tier ist uns fremd – es ist ein Teil von uns selbst.

Sie alle gehören zu verschiedenen Kollektiven, doch die Kollektive strahlen uns zu. Ist in uns das geistige Kollektiv entwickelt, dann spüren wir, was sie uns sagen wollen – auch wenn wir es nicht in unsere Sprache umzusetzen vermögen – und wir empfinden in uns, dass sie uns Liebe, Kräfte des Lichts und Wohlwollen zuströmen.

Üben wir uns, das Leben, das letztlich auch in uns ist, zu erspüren.

Jeder von uns könnte sich eine Blume oder eine Pflanze vornehmen. Wir schauen sie an, das heißt, wir sehen sie nicht an – wenn wir sie ansehen, nehmen wir die Details des Äußeren wahr. „Schauen" heißt: Wir nehmen den gesamten Eindruck in uns auf, ziehen die ganze strahlende Substanz nach innen, versenken uns in unser Inneres und spüren – ja, was spüren wir?

Üben wir uns darin!

Das Leben gibt Kraft. Aus allem strömt uns die Kraft zu, wenn wir sie nur aufzunehmen vermögen. In dem Augenblick, in dem wir nur einigermaßen frei sind und unsere menschlichen Gedanken uns nicht mehr blockieren, spüren wir das Leben.

So mancher denkt: „Wir brauchen Kräuter und Pflanzen für unsere Körper, sie tun uns gut. Die Tees aus Kräutern und Pflanzen trinken wir gern" – für uns ist es also eine Selbstverständlichkeit, z.B. Kräutertee zu trinken.

Wir glauben, dass ein Kräutlein erst dann unserem Organismus gut tut, wenn wir es gepflückt haben und z.B. als Tee oder Würze verwenden. Ja, es ist sicherlich gut, wir brauchen den Tee, wir brauchen die Würze. Doch ob ein Kräutlein in der Erde bleibt oder wir es als Tee verwenden – es strahlt und schenkt sich uns. Das gleiche Leben strahlt uns zu, wenn wir ihm am Wegesrand begegnen oder im Wald, auf dem Feld, im Garten. Es strahlt und möchte uns die Kräfte zustrahlen, die unser Organismus braucht. Die Seele trägt diese Lebensenergien in sich, und sind sie in der Seele aktiv, dann strahlen sie auch in den Körper über.

So ist die Natur uns gegeben, dass wir uns nicht nur daran erfreuen, sondern auch die Kräfte aufnehmen, und das können wir, indem wir sie nicht nur als Tee verwenden, als Würze und dergleichen, sondern indem wir sie auch so aufnehmen, wie sich die Natur, das Leben uns schenkt.

Wie ist es, wenn wir plötzlich erkennen: Alles lebt – und alles, was lebt, empfindet? Dann wird es uns nicht mehr möglich sein, bewusst eine Pflanze niederzutreten. Unbewusst geschieht es ständig, doch beim Unbewussten ist es so, als ob der Schöpfer sagen würde: „Du hast einen materiellen Leib, Ich opfere Mich dir und bilde den Teppich für dich." Wenn wir jedoch das Leben bewusst zertreten, dann verschatten wir in unserem Inneren das Kollektiv.

Das Gleiche geschieht im Hinblick auf die Tiere, wenn wir Tiere bewusst töten, wenn wir sie quälen und schlachten und vieles mehr – wir belasten unsere Seele, denn alles empfindet. Auch das Tier empfindet, und wenn wir ein Tier bewusst töten oder hinschlachten lassen, dann belasten wir uns, und die Beziehung zum Leben der Natur, zu den Tieren wird immer eingeschränkter, der Mensch wird immer gröber, schändet die Natur und schändet die Erde. In dem Augenblick, in dem im Menschen das innere Leben erwacht, wird er das Leben der Erde schätzen, weil es ein Teil von ihm ist.

Wir sollen uns jeden Tag an der aufkeimenden Natur freuen und gleichzeitig erkennen: So, wie sich ein Blatt aus der Hülle heraus entfaltet, so sollen auch wir uns aus der Kapsel menschlichen Ichs heraus entfalten, sie gleichsam sprengen in dem Bewusstsein: Wir sind Kinder Gottes und Kinder der göttlichen Liebe.

Auch die Vögel – und nicht nur sie – reden, indem sie singen und damit das ausdrücken, was ihrem Bewusstsein entspricht. Alle Tiere strahlen das Leben aus und teilen sich uns mit. Wenn wir die Tiere nur ansehen, dann werden wir sie werten. Wir sagen: „Das ist ein Hund, das ist eine Katze, das ist ein Igel, das ist ein Frosch, das ist eine Kröte, das ist ein Käfer“ und vieles mehr.

Doch wenn wir den Tieren in die Augen schauen und die Gesamtstrahlung des Tieres aufnehmen, dann spüren viele von uns, dass das Tier zu uns spricht. Ob es Pferde, ob es Kühe, ob es Schafe sind – schauen wir ihnen in die Augen! Die Augen strahlen aus, was sie uns übermitteln wollen. Es ist wunderbar, das einmal zu erleben – anschauen, nicht nur ansehen und werten, sondern anschauen und aufnehmen, dann erfahren wir, dass jedes Tier empfindet. Wir werden dann allmählich auch das Teilseelchen oder das Kollektiv in uns spüren, denn was vom Tier ausstrahlt, das strahlt in das geistige Kollektiv in uns hinein, in unseren Geistleib. Ist in uns dieses Kollektiv nicht überlagert von Belastungen, dann spüren wir, was uns die Tiere sagen wollen. Wir werden dann nicht mehr achtlos an unseren Übernächsten, an den Tieren, vorbeigehen, sondern wenn wir Tieren begegnen, werden wir fragen: „Was wollen sie uns jetzt sagen?“ Nicht umsonst sind wir ihnen begegnet, und nicht umsonst werden wir einer Blume am Wegesrand gewahr, nicht umsonst stehen wir plötzlich bewundernd vor einem blühenden Strauch, nicht umsonst zieht es uns in den Garten, um die Blumen und die Sträucher zu betrachten. Es gibt keine Zufälle – alles will uns etwas sagen, all diese Begegnungen, oder dass wir uns in den Garten hingezogen fühlen, dass wir plötzlich auf einen bestimmten Strauch aufmerksam werden, und vieles mehr.

Das Leben ist reich, unendlich reich, es ist die Fülle – und diese Fülle haben wir in uns selbst. Wir könnten niemals das Leben eines Tieres, einer Pflanze empfinden, wenn nicht in uns das Gleiche wäre, der Magnet, der praktisch die Strahlung dieser Pflanze, dieses Tieres, des Steines, die Strahlung der Gestirne anzieht. Erwachen wir geistig immer mehr, dann spüren wir, dass Gottes Licht überall ist, dass des Vaters Geist in uns wohnt und Seine Schöpferkraft in allen Lebensformen.

Wir könnten uns auch fragen: Was haben sich Blumen zu sagen? Die Kollektive untereinander – Kollektive sind verschiedene Bewusstseinslagen – tauschen miteinander die Energien aus und teilen sich dadurch mit.

Kollektive sind Bewusstseinskräfte, und jede Pflanzenart hat wieder ein anderes Bewusstsein, das heißt: Entsprechend der Entwicklung strahlt sie aus. Bewusstsein ist Entwicklung, Bewusstseinsbereiche sind Evolutionsstufen. Die verschiedenen Steine z.B. gehören, je nach Zusammensetzung, zu einem Kollektiv, und so gibt es viele Kollektive der Steine, der Mineralien. Genauso ist es bei den Pflanzen. Die verschiedensten Pflanzen gehören zu verschiedenen Kollektiven, haben also unterschiedliche Bewusstseinsaspekte. Auch die Tiere, die noch keine Teilseele haben, gehören zu einem riesigen Bewusstseinsfeld, so könnten wir dieses Kollektiv auch nennen. Von diesem jeweiligen Kollektiv werden dann Steine, Pflanzen und Tiere mit Geistkraft versorgt – außer die Tiere mit Teilseelen, diese besitzen schon einen aktiven Wesenskern und empfangen ähnlich wie wir. Bei uns sind alle sieben Grundkräfte ausgebildet, in den Teilseelen der Tiere vielleicht drei oder zwei, je nachdem, wie weit die Entwicklung der Teilseele vorangeschritten ist.

So wie die Geistwesen dem Schöpfergott die Freude darbringen durch ihre positive Ausstrahlung, so tun es auch alle Lebensformen – einschließlich der Steine. Und wenn wir diese Ausstrahlung aufnehmen können, dann sagt uns das Kollektiv genau das, was für unser Leben gut ist.

Wenn wir bewusst durch die Natur gehen, tanken wir enorm viel Kraft, weil sich das Leben um uns schenkt. Es ist da, um uns in Liebe zu dienen. Wenden wir uns dem Leben in Liebe zu, dann findet diese Kommunikation statt, das Fließen der positiven Kräfte.

Nimm dir die Freiheit. Werde frei – sei frei!

Aus dem gleichnamigen Seminar von Gabriele im Jahr 2003

Die kosmische Freiheit gehört zu den göttlichen Prinzipien, die im Gesetz Gottes, in den sieben Grundkräften, aktiv sind. Ohne Liebe keine Freiheit und ohne Freiheit keine Liebe.

So mancher wird jetzt denken: „Was hat Freiheit mit Liebe zu tun?" – und umgekehrt: „Was hat Liebe mit Freiheit zu tun?"

Lasse dem Nächsten seine Eigenständigkeit. Gib, was du erwartest

Beleuchten wir zunächst das Wort „Freiheit". Wo nicht Freiheit ist, da ist Unfreiheit, Gebundenheit – kurz: Bindung. Also steht die Bindung unserer Freiheit im Wege. Ergründen wir deshalb die Frage: Was ist Bindung, und wie entsteht sie?

Bindung erwächst aus der Eigenliebe, die besagt: „Alles nur für mich!" Die Freiheit können wir uns nur dann „nehmen", das heißt, wir können Freiheit nur dann erlangen, wenn wir unseren Nächsten wahrhaft lieben, wenn wir mit unserem Herzen an unseren Nächsten denken, wenn wir ihm wohlgesonnen sind und von ihm nichts erwarten – ganz im Gegenteil, ihm geben. So gebot es Jesus, der Christus, sinngemäß in Seiner Bergpredigt: Gib, was du erwartest. Anders gesagt: Du sollst das, was du von anderen erwartest, ihnen zuerst selbst geben. – Dann vergessen wir allmählich unser eigenes Ich, das personenbezogene, egoistische Denken, das Kreisen um das eigene, persönliche Wohlergehen.

Liebe ist Geben. Wer den Nächsten nicht verwirft, sondern ihn zu verstehen lernt und ihm auch in mancher von ihm unüberblickbaren und schwer durchschaubaren Situation beisteht, der kann sich die Freiheit nehmen zu sagen: „Ich tue für dich, was ich kann, aber binden lasse ich mich nicht." Das setzt natürlich voraus, dass wir unsererseits uns an den Nächsten nicht binden. Binden heißt immer, den Nächsten halten, uns an ihn hängen, letztlich ihn auch von uns abhängig machen. Wir geben dann nur so viel, damit wir den anderen gefügig machen.

Einer, der feststellt, dass er gebunden ist, könnte nun denken: „Diese Bindung will ich abschütteln. Ich will Freiheit gewinnen. Also werde ich meinen Nächsten, an den ich gebunden bin, von mir schieben; ich werde mich von ihm distanzieren, ihn – entweder im Inneren oder sogar im

Äußeren – verlassen." Doch auf diese Weise überwinden wir die Bindung nicht. Das ist nicht die Freiheit, sondern es ist gegen die Freiheit, denn die Freiheit ist in der Gleichheit und auch in der Einheit. Und in der Einheit liegt immer die Verantwortung gegenüber dem Mitmenschen.

Erkennen wir den Unterschied zwischen „verlassen" und „loslassen". Verlassen heißt, den Nächsten links liegenlassen, ihn fallen lassen, ihn im Stich lassen. Verlassen wir – im Inneren oder im Äußeren – unseren Nächsten, so stehlen wir uns aus der Verantwortung und verlassen zugleich die Einheit.

Gott wendet sich niemals von einem Seiner Kinder ab. Warum nicht? Gott ist Einheit, und Einheit ist Liebe: selbstlos, unpersönlich, immer gebend. Er erwartet nichts für sich und lässt jedem von uns die Freiheit zu eigener Entscheidung und eigener Entfaltung. Gott spricht: „du sollst", doch Er lässt uns los.

Wir sollten lernen, uns an den Nächsten nicht mehr zu binden, ihm seine Eigenständigkeit zu lassen und selbst eigenständig zu sein, den Nächsten also loszulassen, so dass er sich entfalten kann und auch wir uns entfalten können. Daraus entwickelt sich die Freiheit.

Bindung macht unglücklich

Warum ist es so wichtig für uns, von Bindungen und unerfüllten Wünschen loszulassen? Weil sie uns unglücklich machen.

Blicken wir uns um: Viele Menschen sind unglücklich. Hinterfragen wir unser eigenes Dasein, so werden wir sehr bald in uns spüren, dass Menschen, die sich an uns binden, oder Menschen, an die wir uns binden, sich nicht frei entfalten können. Daraus folgt: Wer sich an andere bindet, kann sich nicht frei entfalten.

Jeder von uns strebt nach dem Glück; er möchte glücklich sein. Daher lautet die Frage an uns selbst: Wer macht uns unglücklich? Oder: Wodurch sind wir unglücklich?

So mancher wird jetzt sagen: „Ich habe Angst vor dem Loslassen. Unter Umständen stehe ich dann alleine da." Wer in dieser Angst lebt, der muss erkennen: Er lebt in der Bindung und nicht in der Freiheit. Bindung macht unglücklich.

Wir fühlen uns niemals alleingelassen, wenn wir andere nicht an uns binden und wir uns auch nicht an unsere Mitmenschen binden. Wer sich am Nächsten festhält, ist ichbezogen, ist egoistisch, ist lieblos, und jede Lieblosigkeit macht unglücklich. Wir erwarten dann unser Glück von anderen – sie sollen uns glücklich machen. Sie sollen uns von ihrer Energie geben; wir wollen nicht geben, sondern nehmen.

„Nimm dir die Freiheit“ – gleich: gewinne die Freiheit –, das heißt zuerst einmal, uns zu vergewissern, was wahre Freiheit bedeutet.

Bewältige aktiv dein Leben – hinterfrage deine Stimmungen und Hemmungen

Wie oft hören wir: „Ich nehme mir die Freiheit, dies oder jenes zu sagen oder zu tun“, was meist darauf hinausläuft, dass wir, ohne den Freiraum und die Belange des Nächsten zu beachten, mehr oder weniger rücksichtslos das tun, wonach uns der Sinn steht, was also wir wollen. Wie steht es hier mit der Freiheit? In Wirklichkeit schaden wir uns selbst und dem anderen, weil die Freiheit, die wir uns nehmen, meist den anderen letztlich unglücklich macht. Für viele heißt, sich seine Freiheit zu nehmen, also: auf Kosten des anderen zu leben.

Wenn wir das Wort „Freiheit“ analysieren und die Analyse auf uns selbst beziehen, uns also hinterfragen, warum wir uns an unsere Mitmenschen binden oder es zulassen, dass sich andere an uns binden, werden wir erkennen, dass es einzig das egoistische „Ich“ ist und die Angst, unter Umständen vom anderen verworfen zu werden.

So mancher hebt im Unglück die Schultern und sagt: „Das ist nun mal mein Schicksal.“ Wer so schicksalsergeben ist, der glaubt nicht an die Freiheit. Wir haben die Freiheit, unser Schicksal selbst zu bestimmen, die Ursachen mit der Kraft des Christus Gottes rechtzeitig zu beheben oder eine schon eingetretene Wirkung, z.B. einen Schicksalsschlag, zu mindern oder abzumildern. Es kommt auf uns an, wie wir mit den Gegebenheiten unseres Erdendaseins umgehen – ob wir wahrhaft leben, indem wir es aktiv bewältigen, oder aber passiv, schicksalsgebunden reagieren.

Viele Menschen verhalten sich wie Sklaven – Sklaven ihres eigenen menschlichen Ichs und folglich dem Einfluss des Ichs anderer unterworfen. Sie binden sich an ihre eigenen Schwächen. Solche Menschen reden von Freiheit und wissen nicht, dass Freiheit im Denken, Reden und Handeln liegt. Jeder Mensch bestimmt für sich selbst seinen Werdegang und somit seinen Weg. Er hat in jedem Augenblick die Freiheit, sich zu entscheiden.

Kein Mensch ist frei von Stimmungen und Hemmungen. Doch unsere Stimmungen und Hemmungen, alles, was uns berührt, sind Hinweise aus unserer Seele; die Bewegungen unseres Gemüts sind die Sprache unserer Seele. Sie spricht zu uns und bittet uns, die Stimmungen, die Hemmungen und Bewegungen zu hinterfragen, um frei zu werden von dem, was wir ihr durch Gefühle, Gedanken, Worte und Handlungen zugemutet haben und eventuell weiterhin zumuten.

Wachsamkeit uns selbst gegenüber ist angesagt. Bevor wir in unsere persönlichen, allzu menschlichen „Fettnäpfe“

treten, also in unsere alten Fehler, unsere Fehlhaltungen und Schwächen fallen, hat es nämlich schon längst in der Bauchgegend gegrummelt, und das haben wir einfach beiseitegeschoben. So sind wir eventuell in Situationen hineingefallen, die nicht hätten sein müssen, wenn wir auf dieses innere Grummeln, auf den Zeigefinger unseres Gewissens, gehört hätten. Deshalb ist es so wichtig: Sobald wir ein Unbehagen spüren – es sind Hemmungen, Störungen, es ist ein gewisses Unwohlsein –, sollten wir aufmerken: Halt! Hier wird mir etwas signalisiert; hier spricht mein Unterbewusstsein, hier spricht meine Seele zu mir. Was will sie mir denn heute, ja, in diesem Augenblick sagen?

Arbeiten wir das heraus und scheuen uns nicht, das genau anzusehen – denn es sind bestimmt nicht immer schöne Dinge –, und sind wir gewillt, von unserem Übel frei zu werden, dann spüren wir erst, was wahre Freiheit bedeutet. Es entwickelt sich eine innere Stärke und auch letztlich ein Wohlwollen gegenüber unserem Mitmenschen. Wir erwarten nichts mehr von ihm. Wir können ihm geben, so viel wir geben können, ohne uns an ihn zu binden bzw. ohne dass er sich an uns bindet.

Der Weg zur Sinnerfüllung unseres Erdendaseins führt in die Freiheit, in das Freisein. Denn wir sind ja auf dieser Erde, um uns rechtzeitig mit der Hilfe des Geistes Gottes in uns von unserem Allzumenschlichen frei zu machen, um sodann den freien Weg zu gehen – für den Nächsten, ohne von ihm abhängig zu sein.

Das ist der Weg des Menschen ins Himmelreich. Alles andere ist ein eigennütziger Weg, den viele beschreiten, über Jahre, Jahrzehnte, um ihr Ego loszuwerden, der aber immer und immer wieder in das Diesseits führt. Deshalb gibt es auch so viele Menschen. Der freie Weg hingegen ist das Freisein – rechtzeitig frei zu sein, um den Nächsten wahrhaft zu dienen. Das ist Leben. Das ist Nachfolge des Christus. Das führt mehr und mehr zur Gottnähe, zur Gottverbundenheit und zur inneren Sicherheit. Das ist der Weg für jeden Menschen – wenn er ihn gehen will.

Nur Selbsterkenntnis, das Erkennen der Wahrheit über uns selbst, macht uns frei. Es braucht oft ein wenig Mut, sich ehrlich, das heißt schonungslos, anzusehen, ganz besonders dann, wenn man dies unter Umständen jahrelang versäumt hat. Ohne dass uns dies bewusst ist, versteckt sich unser Ich-Anspruch oft hinter Ausreden, die z.B. beginnen mit „Ich möchte ja nur, dass ..." oder „Der andere hat doch aber ..." oder „Das ist doch ganz normal, dass ..." und anderem mehr.

Fassen wir Mut, liebe Mitmenschen! Stellen wir uns uns selbst – es lohnt sich. Denn wer möchte nicht gern die Freiheit erringen, die uns aus der Enge, aus unseren Zwängen herausführt, die uns zu großen Gedanken befähigt und uns letztlich von innen heraus glücklich macht!

Nehmen wir uns kurz Zeit, über uns nachzudenken. Denken heißt: bewegen. Wir bringen das in Bewegung, was unseren Gedanken entspricht, um in die Gedanken hineinzublicken. Bewegen wir also die Gedanken um das Wort Freiheit, und wir erleben uns selbst.

Machen wir uns kurz Notizen; halten wir das, was in uns abgelaufen ist, in Stichworten fest.

Wir haben nun also die Inhalte unseres eigenen Denkens erlebt. Diese kommen uns unter Umständen fremd vor, denn wer ganz allmählich die Inhalte seines Denkens und Redens analysiert, meint zunächst, dass er das, was er herausarbeitet, nicht ist.

Sehen wir der Tatsache ins Auge: Was uns schmerzt, was uns trifft, ist nicht ein anderer – wir sind es selbst! Erkennen wir heute, was uns bindet, so haben wir heute die Chance, davon frei zu werden.

Wer ein bewusstes Leben anstrebt, wer klar, aufrichtig und von innen heraus frei werden möchte, um aus dem engen Ichkreisel, dem Gefangensein in der Ichbezogenheit, herauszufinden, der wird sich bemühen, seine Unterkommunikationen zu erfassen, das, was unter dem abläuft, was er – oberbewusst – denkt, spricht oder tut.

Dieser Mensch lernt sich tiefer kennen als der „Oberflächenmensch". Er löst sich allmählich aus der Bindung an die eigene Person, an sein „Persönliches", „Menschliches" und Allzumenschliches; er gewinnt Abstand zu sich selbst; er wird sein Leben immer besser meistern und vermag auch anderen mehr und mehr selbstlos, also ohne Verlangen nach Anerkennung und Dankesovationen, zur Seite zu stehen. Er wird zunehmend unpersönlicher, unabhängiger, eigenständiger und freier von innen heraus. Sein Bewusstseinshorizont weitet sich; er erlangt Umblick, Weitblick und den Tiefblick und wird auf diese Weise fähig, wahrlich Verantwortung zu tragen.

Bindung bedeutet Energieverlust

Bindung ist also Unfreiheit. Verbindung macht frei. Eine wahre Freundschaft ist die Verbindung zwischen jenen Menschen, die einander geben, aber voneinander nichts erwarten. Machen wir uns bewusst: Wer selbstlos gibt, wird auch empfangen. Wahre Liebe, wahre Freundschaft ist positive Kommunikation, ist Geben und Empfangen, ohne zu erwarten. Das ist Verbindung, das sollen wir anstreben – das macht uns frei und glücklich.

Die gegenseitige Erwartungshaltung macht uns abhängig. Jegliche Abhängigkeit ist Bindung, gleich Unfreiheit. Wir erwarten dann vom anderen, dass er uns immer wieder bestätigt, und der andere erwartet es von uns. Das führt zu Zwängen.

Jede Bestätigung von anderen führt zur Kumpanei, die meist nicht von langer Dauer ist.

Freiheit heißt unter anderem auch, dem Nächsten, mit dem wir unter Umständen jahrelang zusammen sind, gerecht zu werden. Dadurch entwickeln sich die Unabhängigkeit und die wahre Freiheit.

Gerecht zu sich selbst zu sein, also ehrlich zu sich selbst, bringt auch Gerechtigkeit und Ehrlichkeit gegenüber unseren Mitmenschen. Das macht frei.

Sind wir zu uns selbst gerecht, dann wägen wir auch beim anderen ab und binden ihn nicht durch Worte oder Gesten. Sind wir uns selbst gegenüber unehrlich, so binden wir uns an Nächste. Sind wir jedoch zu uns selbst ehrlich, so lassen wir auch dem Mitmenschen die Freiheit.

Machen wir uns bewusst, dass unsere Unfreiheit, die Bindung an Menschen und an äußere Sicherheit bedeutet, Kraftverlust ist, denn Bindung zieht immer von uns Energie. Wer sich an uns bindet, von dem wir uns binden lassen, der nimmt von uns Energien. Das bedeutet, dass auch unser

Körper mit der Zeit an Energiemangel leidet, wodurch so manches schwache Organ erkrankt, so dass wir schließlich unter unserer Unfreiheit zu leiden haben.

Es sollte uns klar werden: Jeder Gedanke, der ein Wollen, eine Erwartung oder gar einen Anspruch, eine Forderung an den Nächsten beinhaltet, bedeutet eine Störung der Einheit. Jede Störung der Einheit bringt zuerst einmal in unseren Gedanken Zerstreuung, in unseren Gefühlen Leid, im weiteren Verlauf im Körper Unpässlichkeit und Krankheit. Das gilt auch für Rechthaberei, Besserwisserei und Vorwurfshaltungen. Wir finden dann weder zum Frieden in uns selbst noch zum Frieden mit unseren Mitmenschen.

Durch unser Wollen, durch bindende Gedanken heften wir uns an unseren Nächsten. Wohin wir denken, davon werden wir eingeschlossen. Wollen wir nicht loslassen, so wird der, an den wir uns binden, uns umgarnen und uns mehr oder weniger Energie rauben, uns also gewissermaßen in seine Denkmuster einschließen. Darin sind wir dann gefangen – unfrei, gebunden.

Bindung, gleich Unfreiheit, ergibt sich zwangsläufig auch dann, wenn wir einer Verantwortung nicht gerecht werden. Führen wir z.B. übernommene Aufgaben nicht oder nur halbherzig, nachlässig und unzureichend durch, so werden wir mit der Zeit verantwortungslos.

Menschen, die ihr gegebenes Wort nicht halten, sind unfrei; sie sind unzuverlässig; es mangelt ihnen an Standfestigkeit. Unfreiheit führt dazu, dass man sich ständig an andere anlehnt. Menschen, die nicht vertrauenswürdig sind, weil sie ihr Wort nicht halten, suchen sich immer wieder Gleichgesinnte, also Menschen, die ebenso unfrei sind wie sie selbst. Sie bestätigen sich gegenseitig. Das führt zu einem sogenannten „Sumpfleben".

Haben wir einmal „Ja" gesagt und halten wir uns nicht daran, dann haben wir unser Wort gebrochen. Eventuell verstricken wir uns dann in weitere Versprechungen, wodurch wir mit der Zeit unser eigener Gefangener werden.

Wie kommen wir aus dieser Gefangenschaft heraus, wenn wir uns unter Umständen an viele oder gar sehr viele Menschen gebunden haben, denen wir etwas versprachen, was wir nicht halten? Diese Menschen sind nun die Stäbe unseres Gefängnisses.

Haben wir etwas versprochen, dann sollten wir uns also auch daran halten. Allerdings sollten wir uns, bevor wir eine solche Entscheidung treffen, hinsichtlich unserer Motive hinterfragen, und, bevor wir jemandem unser „Ja" geben oder zu etwas „Ja" sagen, eingehend prüfen: Entspricht das dem Willen Gottes? Entspricht es Seinen Geboten? Tue ich das freiwillig? Tue ich es aus Überzeugung? Weiß ich, dass es der Freiheit entspricht? – Sagen wir dann, nach reiflicher Überlegung und Analyse, „Ja", dann sollten wir es halten, sonst werden wir unser eigener Gefangener. Weil so viele Menschen es meist nicht halten, haben sie viele, sehr viele Probleme und kommen aus ihrem eigenen Gefängnis kaum mehr heraus.

Jeder ist selbst seines Glückes oder Unglückes Schmied. Denn: Glück oder Misserfolg liegen im Menschen selbst.

Viele Menschen glauben, Freiheit hänge von Besitz und Besitztümern ab. Machen wir uns bewusst: Wahrhaft vermögend sind nicht die Menschen, die nur an sich denken, die horten und Besitztümer ansammeln. Jeder übermäßige persönliche Besitz macht den Menschen abhängig von seinen Besitztümern und erniedrigt ihn. Doch jeder, der sein Vermögen für neue Werke einsetzt, für Pfade, die andere gehen können, die dann auch zur Fülle für viele führen, der ist in Wahrheit frei, denn er ist im Inneren reich geworden.

Die wahre Liebe macht frei

Machen wir uns bewusst: Die wahre Liebe macht frei. Nur wer Gott liebt, der weiß, dass ihn Gott liebt. Diese Erkenntnis führt zur absoluten Freiheit.

Wer Gott allerdings nicht liebt, der sucht den Halt im Äußeren; er bindet sich an Menschen und an die Welt. In der Folge schafft er dann auch Glaubenssätze und Dogmen.

Der Gegenspieler Gottes spricht der Bindung das Wort. Sein Prinzip lautet: „Trenne, binde und herrsche." Bindung verbindet nicht und führt in die Unfreiheit. Es gibt kein Herrschersystem, das nicht auf Bindung und Abhängigkeit beruhte.

Im Gesetz Gottes hingegen heißt es: „Verbinde und sei", was selbstlose Liebe, Gleichheit, Freiheit und Einheit bedeutet – das geschwisterliche Miteinander und Füreinander, die praktizierte Friedfertigkeit. Die Grundregeln – Gleichheit, Freiheit, Einheit, Brüderlichkeit und daraus die Gerechtigkeit – sind Grundlagen für ein friedfertiges Miteinander unter den Menschen. Sie sind es, die aus Zugehörigen eines kriegerischen „christlichen" Abendlandes friedfertige Menschen machen würden.

Wahre Nachfolger des Jesus, des Christus, sind aufrechte Menschen, die klarsehen, die ihrem lebendigen Gewissen folgen, der inneren ethisch-moralischen Kontrollinstanz – wach, selbstverantwortlich, eigenständig denkend und handelnd.

Finde zur Verbindung, zur wahren Freundschaft

Wie können wir zur Verbindung finden, die z.B. echte Freundschaft kennzeichnet? Wahre Freundschaft heißt, einander immer wieder zu vergeben, die Gebote Gottes zu halten und sich an der Bergpredigt des Jesus, des Christus, zu orientieren. Daraus entwickeln sich Freiheit, wahre Freundschaft und Friede.

Das Göttliche im Menschen ist das wache Herz der Seele, ist die Treue zum Ewigen, ist der klare Blick und die Erfüllung des Willens Gottes. Solche Menschen sind weit entfernt von den gewöhnlichen Triebfedern jener, die von Freiheit reden, doch unfrei sind.

Der Mensch, in dem sich Liebe und Wahrheit einen, wird sich nicht auf Ankerplätzen der Welt tummeln, auch dann nicht, wenn es Situationen gibt, in denen er glaubt, auf hoher See zu treiben. Sein Gottbewusstsein ist seine Stärke. Wer diese Stärke erlangt hat, wird weder urteilen noch richten; er bleibt in seinem Streben und Leben der Liebe und Wahrheit verbunden. Die Ehrfurcht vor dem höchsten Gesetz, das Liebe und Nächstenliebe ist, ist ihm Verpflichtung.

Jede Seele verlangt nach Freiheit. Wir spüren es in unseren Gefühlen und in unserem Gewissen.

Ein Satz, den wir in uns bewegen können, wenn wir das möchten – ein Satz nicht nur für heute:

Frei ist der, dem der Tag gehört.

Wer nicht frei wird, der zerschlägt immer wieder alles Gute. Blicken wir doch in unsere Welt – diese Unfreiheit! Jeder will nur vom anderen hofiert werden. Dafür fängt er

Kriege an, dadurch gelangt er in Abhängigkeit und vieles mehr. Das Aufwerten vor dem anderen zeigt letztlich die eigene Schwäche; das ist Unfreiheit. Jeder Krieg, auch in Gedanken, ist gegen den Nächsten – ist nichts als die eigene Schwäche. Wenn Nationen Kriege führen – wer angreift, ist immer der Schwächere.

Krieg – ob in Gedanken, ob in Worten, ob ein Land mit Waffengewalt gegen das andere vorgeht – Krieg ist immer Schwäche.

Freiheit ist ein Geschenk des Vaters. Aus der Freiheit kann wahrlich die innere Liebe und die innere Verbindung zur Seele des Mitmenschen, aber auch vor allem die Kommunikation zu Gott, unserem Vater, entwickelt werden. Dann schauen wir nicht mehr auf den Mitmenschen in der Erwartung, dass er etwas für uns tun soll – wir sind in uns frei, um die Liebe zu Gott zu entwickeln.

Befreien wir uns durch die tägliche Selbstbeobachtung und Bereinigung von dem, was uns noch bindet, so entwickelt sich allmählich die Freiheit, die uns die Kraft gibt, selbstlos, ohne dabei an uns zu denken, da und dort anderen zu helfen. Denn der Sinn unseres Erdendaseins ist, wieder die Kommunikation zur Freiheit, zum Göttlichen, in uns zu erlangen, um zu erspüren, was Gott in dieser Welt mit uns vorhat. Wir sollten uns nicht damit begnügen, von der Wiege bis zur Bahre immer nur unseren persönlichen

Weg zu gehen, sondern Gott möchte, dass sich der Mensch nach einer gewissen Zeit die innere Reife, gleich innere Freiheit, erarbeitet hat, um den Nächsten zu spüren, um dem Nächsten zu dienen und zu helfen.

Sind wir bestrebt, die Weisungen der Bergpredigt in den Situationen unseres Alltags zu befolgen, indem wir z.B. jeglichen Kampf gegen unseren Nächsten aufgeben, das Kämpferische in unseren Gefühlen, Empfindungen und Gedanken in immer feineren Nuancen erkennen und es mit der Hilfe und durch die Kraft des inneren Christus besiegen, dann wird Sein Licht in uns immer mehr aufleuchten, und wir werden im Alltag Sein Wirken auf mannigfache Art und Weise erleben.

Wer lernt, Christus in sich zu erfahren und zu erspüren, der gewinnt inneren Halt, Unabhängigkeit, innere Sicherheit und Stärke – Gaben des Allerhöchsten, die unzerstörbar sind, weil Gottes Kraft, Liebe und Weisheit von Dauer sind.

Werden wir also frei, um frei zu sein! Frei sein ist Lebensqualität, frei sein ist Friede, frei sein ist Liebe und Einheit.

Also: Werde frei, und sei frei!

Prologe und Monologe

*Aus einer Lehrstunde von Gabriele
für die Freien Gemeinschaften im Zeichen der Lilie
im Oktober 2017*

Dieses Thema ist von überdurchschnittlicher Bedeutung: Es geht um die Prologe und Monologe.

Viele fragen sich: „Was kann das wohl sein – Prologe, Monologe"?

Wenn wir von unseren „Gedanken" hören, ist das für uns ganz normal, denn Gedanken hat jeder, sie gehören zu unserem Leben. Viele Gedanken sind letztlich dazu da, um hinterfragt oder analysiert zu werden, damit Ungutes erkannt und rechtzeitig behoben werden kann.

Unsere unguten Gedanken sollten wir rechtzeitig erkennen und rechtzeitig beheben, bevor sie zu einem Prolog werden oder gar in Monologe übergehen.

So kommen wir zu unserem Thema: Prologe, Monologe.

Ein Prolog setzt sich aus gleichartigen Gedanken zusammen; er kann als die Gedankenbasis oder die Grundlage für Monologe bezeichnet werden.

Eine Gedankenbasis ist ein Ansatz zu einem Prolog, der unter Umständen, je nach Verlauf, ein Vorlauf sein kann zu einem Monolog, eventuell mit dramatischen Folgen, je nach den Inhalten der Gedanken.

Je länger wir einen oder mehrere gleichartige Gedanken pflegen, desto mehr formieren sich diese zu einem sogenannten Nest von zusammengefügten Gedanken.

Von einem sogenannten „Nest", von einer Gedankenbasis, gehen die Monologe aus, dann, wenn man das Nest, den Prolog gleichartiger Gedanken, nicht rechtzeitig erkennt und behebt. Der Vorlauf zu Monologen ist also das sogenannte Nest oder eine noch zusammengerollte, gleichartige Gedankenkette. Die Gedankenkette, die sich nach und nach aufgewickelt hat, bildet die Monologe.

Kehren wir noch einmal zum Prolog zurück, zum Nest gleichartiger Gedanken oder einer zusammengerollten Gedankenkette.

Meist beginnt ein Prolog mit einer nicht verarbeiteten Situation, die uns immer wieder zu gleichen oder ähnlichen Gedanken führt.

Wir denken und denken über das nach, was wir nicht verarbeiten konnten, auch über Probleme, Sorgen und Ängste, auch über Ungereimtheiten am Arbeitsplatz, eventuell mit dem Chef, aber auch in der Partnerschaft und, und, und.

Bei jedem Menschen liegt anderes zugrunde. Der Vorlauf zu einem Prolog, der unter Umständen ein dramatisches Nachspiel haben kann, ist also grundverschieden.

Lösen wir den Prolog nicht rechtzeitig auf, dann wird dieser zum Monolog, der sich unter Umständen tagelang fortsetzen kann.

Prologe und Monologe sind Selbstgespräche. Wir reden mit uns selbst, und zwar immer wieder über das Gleiche. Wir denken und denken immer wieder gleichartige Gedanken. Es ist die sich sodann abspulende Gedankenkette, die vom Prolog ausging und sich in den Monologen fortsetzte. Wir reden also mit uns selbst; wir denken immer und immer wieder dasselbe.

Diese Gedankenkette kann sich – wie schon berichtet – über Tage hinweg fortsetzen. Ein Prolog, ein sogenanntes Gedankennest, kann unter Umständen weitere Gedanken miteinbeziehen, die aus der gleichen Situation oder aus ähnlichen Situationen abgeleitet werden, eventuell von Gesprächen mit Menschen, die Gleiches oder Ähnliches erlebt oder erfahren haben.

Ein Teil dieser Gedanken-Gespräche wird dann in den persönlichen Prolog oder in den Monolog aufgenommen, so dass sich unter Umständen eine weitere Bildkette ergibt – denn der Mensch denkt in Bildern. Je nach den Bildfolgen, gleich Bildsituationen, können diese dem Prolog oder dem Monolog zugeführt werden.

Unlautere Gedanken, gleich welcher Art, können von Menschen angezogen werden – es sind Gedanken, die wiederum von Menschen ausgehen können oder gar von anderen Kräften. Monologe können, je nach Inhalt, also zu dramatischen Handlungen antreiben und zu schwerwiegenden Folgen führen.

Deshalb ist dieses Thema: „Prologe und Monologe“ von überdurchschnittlicher Bedeutung.

In unserer Welt, die vom Krieg gegen Menschen und Naturreiche durchzogen ist, lässt sich vieles von sogenannten Prologen und Monologen ableiten.

Bald jeden Tag hören oder lesen wir von Ausschreitungen, von Plünderungen, Diebstählen, von Überfällen oder gar von Vergewaltigungen, von Totschlag und Mord.

Man fragt sich: Woher kommen wohl solche Exzesse?

Was ging all dem voraus?

Am Ende der Schulung regte Gabriele an, sich über dieses Thema und über die eigenen Erfahrungen auszutauschen, mit den Worten:

Wir sind gefragt. Reden wir nicht über andere – sprechen wir über uns selbst. Die eigenen Erfahrungen können unserem Nächsten helfen, nicht die Theorie.

Das Gesetz der Entsprechung

Aus einer Lehrstunde von Gabriele
am 15. April 1988

Was ist das Gesetz der Entsprechung, und wo kommt es her? Gehört es zu unserem geistigen Erbe?

Denken wir an das höchste Strahlenwesen – es ist Gott, unser ewiger Vater. Gott, unser Vater, ist absolute Liebe.

Ist es möglich, dass das höchste Strahlenwesen, Gott, unser Vater, Entsprechungen hat? – Nein! Wir müssen uns also fragen: Wo kommen dann die Entsprechungen her?

Wir sind Ebenbilder unseres Vaters. Unser ewiger Vater hat keine Entsprechungen, Er ist absolute, ewig strömende Liebe. Unser Erbe ist göttliche Liebe. In der göttlichen Liebe sind Friede, Harmonie, Demut, Güte, Ordnung, Wille, Weisheit, Ernst, Geduld, Liebe, Barmherzigkeit. Das ist unser geistiges Erbe. Das ist der Makrokosmos, die sieben Grundkräfte Gottes, und diese sieben Grundkräfte haben wir in uns. So ist unser inneres Wesen der Mikrokosmos. Darin sind Sanftmut, Demut, Güte, die vielen, vielen Kräfte, die in diesen sieben Grundkräften mit beinhaltet sind.

So könnten wir sagen: Das Gesetz der Entsprechung haben letztlich die Fallwesen geschaffen, und alle, die in den Fall eintauchen, also sich belasten, bauen an dem Gesetz der

Entsprechung. Jede Belastung, auch Sünde genannt, ist eine niedere Schwingung in unserer Seele, und diese spricht sofort darauf an, wenn Gleiches oder Ähnliches auf uns zuschwingt. So könnten wir dann schlussfolgern, dass wir Gleiches oder Ähnliches in uns haben, wenn etwas auf uns zuschwingt und wir uns darüber erregen.

Und wie überwinden wir dieses Gesetz der Entsprechung, wie beheben wir das, was uns anschwingt, was uns erregt? Wenn wir wieder vollkommen werden wollen, die bewussten Ebenbilder unseres ewigen Vaters, strahlend reine Geistwesen, so müssen wir vieles, was wir verursacht haben, anhand unsere Entsprechungen also erkennen, denn wenn es große Bestandteile der Entsprechungen sind, die wir nicht erfahren, die wir nicht anschauen, werden wir sie immer wieder verstärken. Die Selbsterkenntnis ist daher für uns ein ganz wesentlicher Faktor, die Grundlage, damit das Erlöserlicht in uns größer werden kann.

Christus hat uns den Erlöserfunken gebracht, doch die Erlösung in jedem von uns ist erst dann abgeschlossen, wenn wir keine Entsprechungen mehr haben. Solange wir Entsprechungen haben, stehen wir unter dem Zeichen der Erlösung. Erst dann, wenn wir die Entsprechungen erkannt und übergeben haben und immer mehr das Gesetz Gottes leben, kommen wir als Wesen in die drei Kindschaftseigenschaften, in die Vorbereitungsebenen, wo wir die Handhabung des ewigen Gesetzes erlernen, das heißt, unseren geistigen Körper ganz und gar zu beherrschen, jede kosmische Strahlung, jedes geistige Atom.

Im Gesetz der Entsprechung zu leben, ist sehr gefährlich. Denn wenn wir nicht wachsam sind und unsere Erregungen nicht sofort anschauen oder Christus übergeben, dann werden wir an diesen Entsprechungen, also Belastungen, auch Sünde genannt, weiterbauen. Doch uns ist jeden Tag die Möglichkeit gegeben, das Quantum, das wir an diesem Tag erkennen sollen, zu erfahren. Das geht vom frühen Morgen bis spät am Abend.

So manches, das auf uns zuschwingt, erregt uns nicht. Vieles kommt jedoch auf uns zu, bei dem wir in unserem Inneren ein Prickeln spüren; wir spüren Unmut, wir spüren das Hochsteigen von Aggressivität, von Neid und vielem mehr. Wir sehen unseren Nächsten, an ihm gefällt uns einiges, was wir nicht haben – es folgt der Neid, wir sind neidisch. Wenn wir nicht darauf achten, geht dieser Impuls an uns vorbei. Es ist aber nicht aufgehoben, sondern nur aufgeschoben. Unter Umständen werden wir – wenn wir über den Neid, über das, was unser Nächster hat und wir nicht haben, nachgrübeln und eventuell negativ über ihn sprechen – diesen Komplex „Neid“ vergrößern, und irgendwann kommt er dann massiver auf uns zu.

So sind die Tage ein Geschenk von Gott. Und jeden Morgen, wenn wir erwachen, können wir sicher sein: Gott hat uns in diesen Tag gestellt, weil Er uns an diesem Tag, heute, viel zu sagen hat. Leben wir diesen Tag bewusst, dann erfahren wir unsere Entsprechungen, wir erfahren Erinnerungen und spüren in den Erinnerungen, was wir schon abgelegt haben. Die Entsprechungen bringen uns in Wallung – die Erinnerungen lassen uns souverän erkennen, mit welchen Mühen und Plagen wir das, was uns anschwingt, abgelegt haben. Daraus ergibt sich auch das Verständnis für unsere Mitmenschen, die nun mit dem Komplex noch ringen, den wir mit viel Anstrengung überwunden haben. Daraus ergibt sich die geistige Souveränität und die innere Haltung, unserem Nächsten so weit, wie es uns möglich ist, zu helfen – im Gebet, durch aufmunternde Worte oder durch rechte Impulse, um ihn vorsichtig darauf aufmerksam zu machen, wie wir dieses Problem angegangen haben, um es zu überwinden.

Uns wird jeden Tag nur so viel gegeben, wie wir zu tragen vermögen – außer wir schieben etwas, das wir anschauen sollen, immer wieder vor uns her, machen uns darüber nur Gedanken und vergrößern also unsere Entsprechung, unsere Belastung oder Sünde. Dann kann die Zeit kommen, in der dieser massive Komplex über uns hereinbricht, und wir wissen augenblicklich nicht, wo wir damit beginnen sollen, das Ganze abzutragen. Doch wenn wir in dem Augenblick, in dem wir erkennen, dass mehrere Entsprechungen oder ein ganzer Komplex auf uns zukommen, beten und bitten: „Herr, gib mir die Möglichkeit, zu erkennen, wie ich beginnen kann, das abzubauen“, dann kommt die Hilfe meist von innen. Wir werden plötzlich klar – aus dem Komplex der Entsprechungen kommt ein Teil auf uns zu, das heißt, Empfindungen oder Gedanken dieses Komplexes verstärken sich in uns, und wir erkennen: „Ah, da muss ich jetzt beginnen zu bereinigen.“

Wenn es jedoch um kleinere Entsprechungen geht, also oftmals nur kurze negative Gedanken, können wir sie Christus übergeben und ihnen entgegentreten, sobald sie wiederkommen: „Nein, ich denke nicht mehr so, ich denke jetzt bewusst positiv.“ Dann wandelt Christus diese negative Kraft in positive Energie um. Das bewirkt dann in uns, dass das Erlöserlicht größer wird.

Haben wir unsere größeren Entsprechungen mit Christus abgearbeitet und sie Ihm übergeben, dann werden diese Entsprechungen zu Erinnerungen. Schwingt uns Gleiches oder Ähnliches wieder an, dann erfahren wir in uns: Wir bleiben ruhig und souverän, und zugleich kommt der Impuls: „Ja, das habe ich überwunden.“ Und wir empfinden auch in unserem Inneren nach, wie wir es überwunden haben: Es kommen dann Aspekte, wie wir das Ganze, die ganze Entsprechung, angegangen und somit mit Christus bereinigt haben. Dadurch können wir wiederum unserem Nächsten helfen, der in einer gleichen oder ähnlichen Situation ist.

Wir kommen zu einem weiteren Thema:

Wie werde ich friedfertig?

Wir wollen doch oftmals sehr rasch den inneren Frieden erlangen, denn letztlich stört uns der Unfriede. Unsere Seele sehnt sich nach Frieden, nach Geborgenheit – der Mensch jedoch tut oftmals Gegensätzliches. Warum?

Könnte die Basis, um den Frieden in uns rascher zu erlangen, das Vertrauen zu Gott sein? Überlegen wir einmal: Weshalb greifen wir in vielen Fällen unseren Nächsten an, warum streiten wir mit ihm? Wir sagen, es sind unsere Entsprechungen. Ja, es sind wohl unsere Entsprechungen, doch wenn wir auf Gott vertrauen, dann werden wir ruhig und klar mit unserem Nächsten sprechen können. Die Basis, um rascher zum Frieden zu kommen, ist also das Vertrauen zu Gott.

Haben wir jedoch wenig oder kein Gottvertrauen, dann kommt immer mehr die Angst, und aus der Angst die Aggression, und aus der Aggression der Kampf – und letztlich der Krieg.

Wenn wir Vertrauen zu Gott haben, können wir in einem anderen Ton sagen, was uns bewegt. Denken wir einmal an das Wort „bewegt". Wir bewegen etwas, und es ist letztlich die Entsprechung. Gehen wir nun mit dieser Entsprechung zu Gott und sagen: „Herr, es ist eine Entsprechung, doch ich will das meinem Nächsten nicht so sagen, wie es jetzt in mir hochkommt, ich vertraue auf Deine Führung", dann kommt in dem Augenblick eine gewisse Sanftmut in unser Inneres, und wir spüren plötzlich, wie wir das, was in uns ist, mit anderen Worten ausdrücken können, und unser Nächster hat Verständnis und geht unter Umständen auf unsere Worte ein. Es findet eine positive Kommunikation statt, und so manches kann auch auf diese Weise sehr gut bereinigt werden.

Jesus, der Christus, sprach: *Werdet wie die kleinen Kinder.* Nehmen wir diesen Gedanken auf: Werdet wie die kleinen Kinder. Denn sobald wir wie die kleinen Kinder werden, ist uns auch unser ewiger Vater näher. Wenn wir unseren Intellekt etwas mehr ausschalten und uns nicht nur als den Menschen sehen, sondern auch als das Kind Gottes, das den Vater über alles liebt, dann können wir auch unserem Vater etwas kindlicher begegnen.

Nehmen wir einmal Folgendes an: Auf uns schwingt irgendein Gedanke zu, oder uns wird etwas gesagt – in dem Augenblick geht die Entsprechung hoch, Wut oder Aggression oder Neid oder was immer es ist. Sagen wir dann ganz kurz bzw. rufen wir nach innen: „Vater, nicht so!“, das heißt: „Nicht so, wie es jetzt aus mir herauskommen will!“ – im selben Augenblick kommt Kraft, und wir spüren, dass wir diese Entsprechung leichter bewältigen können oder mit ganz anderen Worten auf unseren Nächsten zugehen können.

Die Hilfe ist da – auch dadurch spüren wir, wie Gott, der Geist unseres ewigen Vaters, uns nahe ist. Dieses Spüren gibt Vertrauen, Ihm immer wieder alles hinzulegen, was uns bedrückt, oder bei jedem Aufwallen einer Entsprechung zu rufen: „Vater, nicht so!“

Aus dem Vertrauen kommt der Friede, und der Friede birgt in sich wieder Souveränität, über dem Menschlichen zu stehen und uns genauer anzusehen und rascher zu bereinigen, was noch menschlich an uns ist. Lassen wir den Vater in uns wirken, und bemühen wir uns, mehr Kinder zu sein, nicht das Kindische, sondern das Kind; der Ruf „Vater“ – und der Geist unseres ewigen Vaters wirkt in uns.

Das krankmachende Unterbewusstsein und das Leben

Aus dem gleichnamigen Seminar von Gabriele im Jahr 2002

Viele von uns wissen, dass wir in Bildern denken und sprechen und dass diese Inhalte haben. Dennoch erleben wir selten unsere Verhaltensweisen bildhaft. Warum ist das so?

Zum einen laufen unsere Denkvorgänge viel zu schnell ab, zum anderen sprechen wir meist zu schnell und unkontrolliert. Daher ist es uns auch nicht möglich, unsere Gedanken und Gespräche zu hinterfragen, um zu erfassen, was sie unter Umständen auslösen. Aufgrund dessen wissen wir meist nicht, was wir speichern. Viele von uns kennen auch die Begriffe „Oberbewusstsein", „Unterbewusstsein" und „Überbewusstsein", gleich „Geistbewusstsein". Doch diese Worte sagen uns oftmals wenig – eben deshalb, weil wir uns mit Redewendungen, Begriffen und Floskeln begnügen, ohne ihren Sinn und ihre Bedeutung für uns zu ergründen.

Vergegenwärtigen wir uns: Gedanken und Worte, gleich Begriffe, sind Formen, gleichsam Kapseln, Hülsen. In diesen liegt das Wesentliche, ihr Inhalt, der sich in Bildern ausdrückt. Hinter all unseren Gedanken und Worten laufen also Bilder, Bildfolgen, die wir bildhaft im Ober- und Unterbewusstsein speichern, auch in unserer Seele und darüber hinaus in entsprechenden Planetenkonstellationen.

Den meisten Menschen ist nicht bewusst, dass sie speichern und was sie speichern. Unser Gehirn, das Ober- und Unterbewusstsein, ist ein Speichermedium, das bildhaft speichert entsprechend den Inhalten unserer Gedanken und Worte, aus denen sich unser gesamtes Verhalten ergibt.

Wir müssen unterscheiden zwischen Speicherungen im Oberbewusstsein und Speicherungen im Unterbewusstsein. Die Bilder im Oberbewusstsein sind geprägt von unserer Scheinwelt. Die Bilderwelt unseres Oberbewusstseins umfasst das, was wir selbst von uns meinen, dass wir es darstellen und sind, also das, was wir uns vormachen. Diese Bilder täuschen uns.

Das Unterbewusstsein hingegen nimmt unsere Scheinvorstellungen, z.B. wie gut und edel wir sind, nicht auf. Es speichert präzise – ohne jegliche Beeinflussung – bildhaft die wahren Inhalte unserer Gedanken, Worte und Handlungen, das, was wir vor anderen und vor uns selbst verbergen wollen, unsere unedlen Regungen, Gefühle, Ansprüche und Ambitionen. Es ist das Unterschwellige, das nicht gerne ins Auge gefasst, sprich klar erkannt werden möchte, weil es uns entlarven würde. Das Unterbewusstsein ist unbestechlich. Es täuscht sich auch nicht, wenn es uns unser Allzumenschliches oder Erinnerungen aus unserer Vergangenheit zuspiegelt.

Das Ober- und Unterbewusstsein sind sich infolgedessen meist uneins. Das Oberbewusstsein speichert unsere Vorstellungs-, gleich Scheinwelt, also das, von dem wir glauben, dass wir es sind. Das Unterbewusstsein argumentiert und taktiert nicht, es wägt nicht – es reagiert; es sendet im Rhythmus der Tage, was es gespeichert hat, und das in Bildern.

Unser Gewissen ist die Gefühlswaage zwischen Unterbewusstsein, Seele und Überbewusstsein, dem Geistbewusstsein. Das Überbewusstsein, das Geistbewusstsein in uns, ist das ewig Reine; es ist der Wesenskern, es ist der Geist Gottes in uns, der die Gesetzmäßigkeiten des Alls in die Waagschale, in unsere Gefühlswaage, legt. Haben wir nicht gelernt, das zu hinterfragen und zu analysieren, was uns vielfach unser Oberbewusstsein vorgaukelt, dann unterdrücken wir unser Gewissen; es wird träge und stumpft ab.

Machen wir uns bewusst: Kann Gott, das Geistbewusstsein im Menschen, auch das Überbewusstsein genannt, auf die Gewissens-, gleich Gefühlswaage keine mahnenden und helfenden Impulse legen, weil wir unsere Gedanken, Worte und Verhaltensweisen nicht hinterfragen und analysieren, also nicht ergründen, was wir ins Unterbewusstsein eingegeben haben, um es rechtzeitig zu beheben, dann blockieren wir die Gefühls-, gleich Gewissenswaage, und arbeiten ausschließlich mit unserem Oberbewusstsein. Dieses gibt uns aber laufend Fehlinformationen, Gedanken, Worte und Verhaltensweisen, von deren Richtigkeit wir überzeugt sind. Wir glauben: Das ist wahr. – Dennoch handelt es sich nur um eine Scheinrealität, die wir uns selbst geschaffen haben, wozu auch alles nur Angelernte und alles angelesene Wissen gehört.

Schon an unseren Floskeln wie z.B. „Ich nehme an, dass es so ist“ oder „Ich meine“ oder „Meiner Ansicht nach“ usw. können wir erkennen, dass es uns an Selbsterkenntnis und an analytischem Denken mangelt. Mit diesen Floskeln, die Redewendungen mit uns entsprechenden Inhalten sind, sagen wir aus, dass wir uns selbst nicht begriffen haben, dass wir etwas sagen oder denken, von dem wir selbst „keine Ahnung“ haben.

Wer in diesem Selbstbetrug lebt, der dünkt sich vielfach klug und weise. Er hat seinem Gewissen keine Bildung angedeihen lassen. Er will sich selbst nicht anschauen, sich selbst nicht analysieren. Solche Menschen vergeuden ihr Dasein. Ihnen genügt die Selbstbeweihräucherung, die sie ihrem Oberbewusstsein eingegeben haben, mit dem sie laufend in Korrespondenz stehen, bis eines Tages das Unterbewusstsein gefüllt ist und sich dann als Schicksal äußert.

Alle Zellen, alle Zellverbände, die Organe und alle weiteren Bausteine unseres Körpers haben ein sogenanntes Verbundbewusstsein, das ebenfalls aus Ober-, Unter- und Überbewusstsein, also Geistbewusstsein, besteht. Unsere Vorstellungswelt, alles, was wir unkontrolliert von uns geben, wird vom Oberbewusstsein jener Bausteine unseres Körpers gespeichert, die schwingungsmäßig zu unserem komplexen, oberflächlichen Denken, Reden und Handeln passen. Die Speicherung vollzieht sich nach dem Prinzip Gleiches zieht Gleiches an. Das Unterbewusstsein hingegen speichert die Inhalte unserer Denk- und Verhaltensmuster in den entsprechenden Bausteinen unseres Leibes. Wir erkennen also, dass unser Organismus und sämtliche Funktionen unseres Leibes unablässig in Kommunikation mit unserem Gehirn, dem Ober- und Unterbewusstsein, stehen und dass laufend Speicherungen stattfinden, Prägungen in unserem Körper durch unser Fühlen, Empfinden, Denken, Reden und Handeln.

Und wie steht es mit dem Geistbewusstsein in jeder Zelle unseres Körpers? Dieses ist eine absolute Instanz, die nicht zu beeinflussen ist. Das Geistbewusstsein ist der Urquell, das Sein, Gott, das absolute Gesetz. Daher lässt sich das Geistbewusstsein weder vom Oberbewusstsein noch vom Unterbewusstsein täuschen. Es ist absolut und vollkommen; es ist der Helfer, der Mahner, der Führer in uns.

Haben wir nicht gelernt, auf das Überbewusstsein, das Geistbewusstsein, zu hören, haben wir die Waage, das Fühlen, das Gewissen, nicht wägen und sprechen lassen, haben wir uns also nicht hinterfragt, und haben wir das, was in uns gegen das Göttliche steht, nicht bereut, bereinigt und mit der Hilfe unseres inneren Führers und Helfers aufgelöst, dann füllt sich allmählich das Unterbewusstsein und wird autonom.

Ein autonomes Unterbewusstsein hat die Gefühls- und Gewissenswaage weitgehend ausgeschaltet. Es agiert nur noch. Das bedeutet, dass das Oberbewusstsein dem Unterbewusstsein kaum mehr Befehle erteilen kann. Das Unterbewusstsein hat sich verselbstständigt.

Das autonome Unterbewusstsein hat keine Gedanken, hat keine Gewissensbildung – es führt aus. Entsprechend unseren gegensätzlichen energetischen Eingaben wirkt es auf unseren Körper ein, auf jene Organe und Bausteine, mit denen es am intensivsten in Korrespondenz steht.

Negative Energien haben entsprechende negative Wirkungen. So transformieren negative Eingaben des Menschen, wie z.B. Neid, Überheblichkeit, Sein- und Habenwollen, aber auch Selbstbedauern, Resignation, Fatalismus und Ängste, in seinem Körper die Schwingung bestimmter Organe herunter, die dadurch geschwächt und in ihrer Funktion gestört werden. Folglich können dann diese

Organe ihre Aufgaben nicht mehr wie vorgesehen erfüllen, was zu Krankheiten führen kann.

Von den Auswirkungen der Negativenergien, die wir in Vorinkarnationen und in dieser Inkarnation durch unser gegensätzliches Verhalten geschaffen haben, können – je nachdem, was an Speicherungen aktiv wird – auch andere Bereiche unseres irdischen Lebens betroffen sein. Sorgen, Schicksalsschläge, Leid, Misshelligkeiten aller Art können in Erscheinung treten. Mag es im Einzelnen auch Auslöser unterschiedlicher Art geben – der Verursacher sind immer wir selbst.

Anstatt nun die Anfänglichkeiten, die ersten Störungen, die uns z.B. unser Körper übermittelt, zu hinterfragen, die erkannten Fehlhaltungen zu bereuen, diese mit der Hilfe des inneren Helfers und Ratgebers zu bereinigen und nicht mehr zu tun; anstatt das Positive in den Symptomen zu bejahen und dadurch die Selbstheilungskräfte zu mobilisieren, bejahen wir die Störungen und die beginnende Krankheit in unserem Körper.

Auch über Sorgen und Probleme brüten wir oftmals in Gedanken so lange, bis sie zur Brutstätte von Krankheiten werden. Mit unseren grüblerischen Gedanken ziehen wir die entsprechenden Keime an. Dezimiert der Mensch durch das Kreisen um sich selbst seine Körperschwingung, so vermag auch das Gehirn immer weniger Leistung zu bringen. Schwächezustände mancherlei Art stellen sich ein. Im Alter wird dann der Körper unbeweglicher, die Beine wollen nicht mehr so recht. Die Trägheit des Gehirns macht sich am ganzen Körper bemerkbar.

Diese Erscheinungen, die Fehlschaltungen unseres Denkens und Handelns sind und die das autonome Unterbewusstsein auf unseren Körper überträgt, bejahen wir weiter, indem wir weiterhin über unsere Unpässlichkeiten klagen und uns darüber beklagen, dass uns keiner hilft, nicht einmal der Arzt. – Wie kann uns der Arzt helfen? Kann er uns gesund machen, wenn wir das, was aus unserem autonomen Unterbewusstsein fließt, ständig bestärken und verstärken, indem wir jammern, klagen und somit unseren ganzen Körper in eine Schwingung versetzen, die weitere Unpässlichkeiten, Schwierigkeiten und Krankheiten hervorruft?

Unser Erdenleben ist kostbar! Tag für Tag schenkt Gott, der Ewige, jedem von uns Seine hohe Energie, damit wir Belastungen, Negativenergien, die wir in Vorinkarnationen und in diesem Erdenleben geschaffen haben, erkennen und überwinden können, um mehr und mehr in das Leben in Seinem Geiste hineinzuwachsen.

Verwenden wir aber die uns gegebene geistige Kraft dazu, sie in Negatives, Ichbezogenes hineinfließen zu lassen, so ist das ein Missbrauch dieser göttlichen Gabe, der uns nicht zum Heil gereicht.

So gehen wir auch mit uns selbst und mit dem Geschenk unseres Erdenlebens oftmals zu nachlässig um, indem wir Krankheit, Leid, Probleme, Schicksale und dergleichen immer und immer wieder bejahen. Wir kreisen um unser Ego, wodurch wir viel göttliche Energie vergeuden und unsere Gehirntätigkeit verringern. Es ist dann nicht verwunderlich, dass wir über Kopfschmerzen und Vergesslichkeit klagen oder über Nervosität und Unsicherheit.

Abgesehen von einem Gedächtnisverlust, der eventuell durch Gehirnschädigungen verursacht wurde, besitzt jeder von uns eine Gehirntätigkeit, ein Gedächtnisvermögen von unvorstellbarer Leistung. Natürlich muss das Gehirn im Positiven trainiert werden.

Oft hören wir: „Ich bin vergesslich." Oder: „Ich kann mir keine Zahlen merken." Oder: „Was du sagst, kann ich mir nicht merken, ich muss es mir aufnotieren." Oder: „Ich bin zu müde, um darüber nachzudenken." Vergesslichkeit stellt sich ein durch Gleichgültigkeit. Wir nehmen das, was uns andere sagen, gedankenlos und interesselos auf.

Gehen wir der Gleichgültigkeit auf den Grund, so stoßen wir unweigerlich auf unsere Ichbezogenheit. Wir haben unser eigenes scheinbares Wohl, unsere Interessen, unseren Nutzen im Auge – wie es dem Mitmenschen zumute ist, ist uns einerlei. Das ist die Herzensträgheit und -kälte, an der die Menschheit krankt.

Jedes Gegensätzliche ist eine negative Autosuggestion, eine Prägung unseres Unterbewusstseins. Damit blockieren wir Vorgänge in unserem Körper. Die Trägheit unseres Gemüts bedingt, dass wir Gegensätzliches bejahen oder andere für unsere Zwecke missbrauchen. Dies geschieht schon dann, wenn wir z.B. sagen: „Erinnere mich bitte, denn ich vergesse so leicht", oder wenn wir sagen, „Das muss ich mir notieren, damit ich's nicht vergesse", oder „Ja, du hast Ähnliches zu mir gesagt; ich habe es vergessen". Das sind gegensätzliche Bejahungen, die die Aktivität unseres Gedächtnisses erlahmen lassen, also die Gehirntätigkeit verringern. Damit befehlen wir letztlich dem Unterbewusstsein, unseren Körper zu schwächen, die Leistungsfähigkeit der Organe zu mindern.

Vergessen wir nicht, dass das, was im Unterbewusstsein aktiv ist, auch in unserer Seele und in dem Speicher der entsprechenden Planetenkonstellation in Bewegung ist. Bejahen wir unsere Unpässlichkeit und unsere Krankheit, dann speichern wir unermüdlich im Oberbewusstsein. Es sind weitere Fehlhaltungen, gleich Fehlschaltungen. Wir speichern die Stärkung der Unpässlichkeit, wir speichern die Inhalte der Krankheit, der Schwäche und vieles mehr.

Durch das Gespaltensein unserer Denkwelt und unserer Redeweisen geschieht eine Fehlschaltung in unserem Gehirn; die missbrauchten positiven Kräfte führen zu Müdigkeit, Schwäche, auch Leistungsschwäche; die daraus hervorgehende Verzagtheit führt zum Versagen, Vergessen, Versäumen und vielem mehr. Wir sollten lernen, unsere gespaltenen Denk- und Redeweisen zu hinterfragen, die Fehlschaltungen in unserem Gehirn zu reparieren, das heißt, sie mit dem Geist des Lebens Schritt für Schritt auflösen und unserem Gehirn die positiven Kräfte eingeben, die wir immer und immer wieder bejahen, also bewusst und systematisch vorgeben, bis das neue, positive Programm im Gehirn und im Körper greift.

Es sei wiederholt: Das Bildmaterial, das wir – durch unser tägliches negatives Fühlen, Empfinden, Denken, Reden und Tun – im Unterbewusstsein speichern, speichern wir auch in unserer Seele und in der entsprechenden Planetenkonstellation des materiellen und des immateriellen Kosmos der Reinigungsebenen. Aus diesen Speicherungen ergibt sich im materiellen Kosmos das Matrix-Bild, der neue Mensch für eine künftige Inkarnation. Das Unterbewusstsein spiegelt in dieser unserer Inkarnation einen Teil unseres Matrix-Bildes; es ist also das Spiegelbild unseres Körpers in einer unserer nächsten Inkarnationen.

Vergegenwärtigen wir uns noch einmal: Im Oberbewusstsein sind unsere willentlichen Eingaben, Vorstellungen und Sichtweisen, die trügerisch sind; es sind Programme der Täuschung. Wir glauben, dass wir sind, was wir denken, sagen und tun.

Das Unterbewusstsein hingegen speichert die Inhalte dessen, was wir von uns geben. Es macht uns unter Umständen entsprechend krank.

Das Überbewusstsein, das Geistbewusstsein, ist das Leben, es ist unsere wahre, ewige Realität.

Machen wir uns erneut Folgendes bewusst, um es uns einzuprägen: Vom Gehirn ausgehend werden alle Weisungen über das Nervensystem an Muskeln, Organe, an jede Zelle, an jedes Blutgefäß, an alle Bausteine unseres Leibes vermittelt. Alle Funktionen unseres Körpers werden vom Ober- und Unterbewusstsein bestimmt. Jede Funktion, jede einzelne Zelle unseres Leibes steht also in Korrespondenz mit dem Ober- und dem Unterbewusstsein.

Wie schon gesagt, hat jede Zelle unseres Leibes auch das Überbewusstsein, das Geistbewusstsein. Kann der Geist Gottes uns nicht erreichen, weil wir uns Ihm nicht zuwenden, also die Blockaden, die Gegensätzlichkeiten im Unterbewusstsein und in unserer Seele nicht lösen, dann erleben wir unsere Schicksalsschläge bis hin zur schwersten Krankheit.

Oft sagen wir: „Ich bejahe die Gesundheit in mir." Diese Bejahung ist richtig und gut. Doch wir müssen uns fragen: Was haben wir jahre-, jahrzehntelang in unser Unterbewusstsein eingegeben? Nimmt es unsere Bejahung auf, oder sendet es autonom das Gegensätzliche?

Durch ein Gehirntraining könnte die Umpolung unseres Ober- und Unterbewusstseins angeregt werden, so dass das krankmachende Unterbewusstsein vom Oberbewusstsein her die entsprechenden positiven Signale bekommt und sich allmählich auf diese einstellt.

Die Voraussetzung dafür, dass sich bei uns etwas ändern kann, ist die Erkenntnis, was der Veränderung bedarf. Es gilt also, unser Denken, Reden und Handeln zu hinterfragen, um allmählich zu ergründen, wer wir wirklich sind und was in unserem Unterbewusstsein gespeichert ist, das unter Umständen massiv auf unseren Körper einwirkt.

Das Gehirntraining wird entscheidend von der Gedankenrichtung bestimmt. Solange unser Denken negativ ist, lenken wir die Gehirnimpulse in falsche Bahnen. Wir vergeuden nicht nur Energie, sondern machen uns selbst krank.

Wollen wir unser Gehirn positiv eintrainieren, dann müssen wir uns dazu Zeit nehmen. Wenn wir z.B. die Gesundheit unseres Körpers, die Gesundheit bestimmter Organe bejahen, dann sollten wir bei jeder Bejahung innehalten und die Reaktion unseres Körpers abwarten.

Üben wir diesen ersten Schritt, dann merken wir sehr bald eine Bewegung in unserem Sonnengeflecht, eine Art „Grummeln". Unser Nervensystem signalisiert z.B., dass das Unterbewusstsein andere Impulse sendet. Nehmen wir uns Zeit, diese Nervenimpulse im Oberbewusstsein wahrzunehmen, dann erleben wir unter Umständen Bilder – Bilder aus dem Unterbewusstsein, Inhalte unserer Verhaltensweisen, die uns bisher nicht bewusst waren, die aber ausschlaggebend sind, z.B. für Herzbeschwerden, Magenleiden und dergleichen. Diese Bilder sollten wir auf uns wirken lassen, um sie näher zu betrachten. Die Bilder wirken auf unser Gemüt. Ganz allmählich kristallisiert sich das heraus, was unserem Körper zu schaffen macht.

Wenn wir die Fehlhaltungen, die Fehlschaltungen im Körper sind, mit der Hilfe des inneren Helfers und Ratgebers bereuen, bereinigen und Gleiches und Ähnliches nicht mehr denken und tun, dann entwickeln wir das Feingefühl, das sich nach innen wendet. Die Folge ist, dass sich die Gefühls- und Gewissenswaage wieder aufbaut. Dann vermag der Geist Gottes in uns in diese Waagschale Seine Hilfe, Seine Heilung, aber auch Seine mahnenden Impulse hineinzulegen, weil wir es Ihm erlauben und gewillt sind, Seine Kraft anzunehmen und zu nutzen.

Durch eine bewusste Bejahung, die mit der Bereinigung des dann auftauchenden Allzumenschlichen einhergeht, erleben wir eine größere Dynamik unserer Gehirnaktivität, was zur Energiesteigerung im Körper führt.

Wer tiefer blickt, wer sich hinterfragt, lässt sich von seinem Unterbewusstsein nicht täuschen. Also heißt es, das Gehirn zu trainieren, das Unterbewusstsein zu erforschen, die Bilder kommen zu lassen, sie zu betrachten, um mit der Hilfe des Gottesgeistes das zu bereinigen, was uns schadet.

Ich wiederhole: Durch ein gesundes geistiges Gehirntraining aktivieren wir die Selbstheilungskräfte, so dass wir Leistungssteigerung, Wohlbefinden und Gesundheit erlangen. Vergessen wir nicht: Geistig aktive Menschen erfreuen sich eines guten Allgemeinbefindens.

Wir sollten uns jeden Tag aufs Neue bewusst machen: Jeder Gedanke drängt zur Verwirklichung in unserer Umgebung und auch in unserem Körper.

Machen wir uns aber auch bewusst, dass wir mit jedem wahren positiven Gedanken, mit jedem ganzheitlichen, gesetzmäßigen Wort und mit jeder gottgewollten Handlung nicht nur unser Gedächtnis stärken, sondern im positiven Sinne auch unser Ober- und Unterbewusstsein aktivieren und unseren Körper kräftigen. Das bedeutet auch, dass das Kraftfeld, unsere Aura, lichter und heller wird und somit ein Magnet für weitere positive Kräfte.

Unser Erdendasein, das nach unserer menschlichen Sichtweise aus Tagen besteht, ist der beste Lehrmeister. Der Mensch kann von seiner Geburt bis zu seinem Tod lernfähig sein, sofern er gewillt ist, zu lernen.

Lernen heißt auch Umdenken, heißt konsequentes Üben und Trainieren, um dem falschen Denken immer wieder die richtige Bahn zu weisen und so durch die Kraft des Lebens die Umprogrammierung zum Positiven zu erlangen.

Wir müssen lernen, das Gute zu bejahen, das Gegensätzliche jedoch anzusehen, es mit der Hilfe des göttlichen Bewusstseins in uns zu beheben und nicht mehr zu tun. Haben wir einiges Gegensätzliche erkannt und dieses mit dem ewigen Geist bereut und bereinigt, dann werden wir das Positive in unser Oberbewusstsein eingeben. Bleiben wir bei der Bejahung des Gottgewollten, dann wird mit der Zeit unser Unterbewusstsein reagieren und die von uns ausgehenden positiven Aspekte dem Körper übermitteln.

Eine große Hilfe für eine wachsame, konzentrierte und gewissenhafte Lebensführung wäre, schon am Morgen eine entsprechend aufrechte innere und auch äußere Haltung einzunehmen und diese möglichst den ganzen Tag über beizubehalten. Vollziehen sich die Abläufe unseres Denkens, Redens und Handelns diszipliniert, sind wir bestrebt, gesammelt, bewusst und geradlinig durch die wechselnden Tagessituationen zu gehen, so sparen wir viel Energie und bleiben ruhig, besonnen und frisch bis in den späten Abend.

Wir könnten uns z.B. vorgeben:

Was du denkst, denke ganz.

Was du sprichst, sprich es bewusst.

Was du tust, sei voll konzentriert. Sei du ganz bei allem, bei deinen Gedanken, Worten und Handlungen.

Wir müssen lernen, uns von nichts und von niemandem ablenken zu lassen. Nur auf diese Weise lernen wir intensive Konzentration. Wer gesammelt bleibt, bleibt auch geistig wach. Er schließt sein Ober- und Unterbewusstsein auf für das Überbewusstsein, den Geist. Ihn kann keine Fremdsuggestion treffen.

Auf diese Weise polen wir das Unterbewusstsein zum Positiven um, so dass die positiven, die heilenden, die helfenden Kräfte in unserem Körper aktiv werden und wir die Sprache der Organe verstehen lernen. Während wir lernen, unser Gehirn im positiven Sinne zu aktivieren, unser Gedächtnis zu stärken, erleben wir geistige Wachheit und vor allem Konzentration. Daraus ergibt sich ein großes Spektrum von Aufnahmevermögen, das wir in anschaulichen Bildern erleben.

Nehmen wir noch einmal Folgendes auf:

Bewusstes positives Training unseres Gehirns steigert die Merkfähigkeit und auch das Erinnerungsvermögen. Ein geistig leistungsfähiges Gehirn entwickelt schöpferisches Denken und Wachheit, um das Überbewusstsein, das Geistbewusstsein, zu empfangen.

Wir können uns selbst auf den Prüfstand stellen. Fragen wir uns: Wie steht es mit unserem Merk- und Erinnerungsvermögen? Können wir uns an Personen erinnern und daran, wann sie etwas und was sie gesagt haben? Können wir uns an einzelne Erlebnisse mit Mitmenschen erinnern? Wie waren unsere Reaktionen und unser Verhalten? Es gibt viele Möglichkeiten, zu prüfen, was und wie viel unser Gedächtnis gespeichert hat.

Trainieren wir unser Gehirn zum Positiven, dann gewinnen wir innere Ruhe. Wir werden zur rechten Zeit unserem Körper Ruhe gönnen. Wir werden die Sprache unseres Körpers vernehmen und gesunde Nahrung zu uns nehmen. Wir werden ganz allmählich mit dem Überbewusstsein, dem Geist in uns, unsere Arbeit verrichten und uns auf alles, was wir tun, konzentrieren.

Ein positiv aktives Gehirn, ein gesundes, bewusstes Gedächtnis ist ein großer Schatz, ein Helfer bei unserer Arbeit, in der Familie, in allem, was wir denken, reden und tun. Wir werden merkfähig, tatkräftig und tatfreudig, aufnahmefähig und aufgeschlossen für die großen Dinge des Lebens. Wir fühlen das Wohlergehen unseres Körpers. Wir merken die gesunden Ströme, die auch Heilströme sind. Wir sind lern- und leistungsstark, ein bewusster Denker und Redner, der im Sinne des Geistes handelt.

Nachfolgend einige Beispiele, Fragen von Teilnehmern des Seminars und Antworten von Gabriele, die auch für den Leser hilfreich sein können:

Frage: Das Oberbewusstsein dient ja dazu, meinen „Schein" aufzunehmen, und das Unterbewusstsein das Negative. Davon bin ich eigentlich ausgegangen. Aber das Unterbewusstsein nimmt ja auch das Positive auf, wenn ich das jetzt dagegenstelle ...

Gabriele: Das Unterbewusstsein nimmt eine Zeitlang das Positive auf, bis das Negative auch in der Seele und in der Konstellation der Gestirne in Positives umgewandelt ist. Dann löscht sich das Gegensätzliche im Unterbewusstsein.

Was von Bedeutung für unsere Zukunft ist, bleibt als Erinnerung im Unterbewusstsein, jedoch nicht als Schuld. Das Gegensätzliche, das im Unterbewusstsein durch unsere Reue und Bereinigung – mit der Hilfe des Christus Gottes – in Positives umgewandelt wird, muss sich auch im physischen Körper allmählich umwandeln. Das Positive im Körper wirkt auch helfend und heilend. Es ist die Kraft des Christus.

Dieser Umwandlungs-, gleich Unterstützungsprozess, macht den Weg frei zum Geistbewusstsein, zum Geist Gottes, der uns dann mehr und mehr zu führen vermag.

Frage: Wenn ich in eine Situation hineingerate, dann steuert mich das Unterbewusstsein, mal mehr, mal weniger. So erlebe ich es. Es gibt mir dann vor, was ich an Negativem eingegeben habe.

Gabriele: Hier müssen wir wachsam sein und unterscheiden: Ist es das Oberbewusstsein, das uns unsere augenblicklichen Gedanken bestätigt? Oder ist es das Unterbewusstsein, das etwas ganz anderes sagt?

Es sind also zwei Komponenten. Das Oberbewusstsein bestätigt uns unsere Denkweise; es sind die Hülsen, die Hüllen unserer Gedanken, das, von dem wir glauben, dass wir so sind. Das Unterbewusstsein dagegen sendet andere Signale. Es übermittelt uns, wer wir wirklich sind, was sich in unseren Gedanken und Vorstellungen tummelt. In solchen Situationen merken wir, dass wir zweigeteilt sind. Sind wir wachsam, dann erkennen wir sehr bald, dass das Unterbewusstsein stärker ist als das Oberbewusstsein.

Wir müssen lernen, uns selbst zu ergründen, z.B. was wir im Oberbewusstsein denken und was den Inhalten unserer Gedanken und Worte entspricht. Merken wir uns: Die Inhalte unseres Denkens und Redens, unseres ganzen Verhaltens, werden im Unterbewusstsein gespeichert. Alles andere sind nur Wort- oder Gedankenhülsen, die das Oberbewusstsein speichert.

Der neue Mensch – Wie bleibe ich meinen Vorsätzen treu?

Aus einer Lehrstunde von Gabriele am 7. Januar 1996

Einen Vorsatz zu fassen heißt: Wir setzen uns etwas vor, wir geben uns etwas ein. Wenn wir uns also etwas vorgeben, dann haben wir es ja noch nicht erfüllt. Entscheidend ist somit: Was wollen wir nun anders halten? Und wie hielten wir es in den zurückliegenden Jahren?

Der eine sagt: „Ich möchte zu rauchen aufhören." Der andere sagt: „Ich möchte mich in der Disziplin üben" oder „Ich möchte Gott näherkommen."

Wir hören immer das „Möchte". Doch es heißt noch nicht „Ich bin diszipliniert", „Ich habe mit dem Rauchen aufgehört", „Ich bin in Gott" oder „Ich bin Gott näher". Das „Möchte" sagt uns also, dass wir noch nicht so sind, wie wir es uns vorgeben. Somit ist die Vorgabe ein Vorsatz.

Und diesen Vorsatz müssen wir Tag für Tag anstreben, er muss in unserem Bewusstsein bleiben, sich gleichsam im Ober- und Unterbewusstsein verankern. Das geht nicht, indem wir heute sagen: „Ich möchte disziplinierter werden" oder „Ich möchte Gott näherkommen". Dieses „Ich möchte" muss uns jeden Augenblick vor Augen stehen – dann, wenn wir wieder in unsere alten Gewohnheiten zurückzufallen drohen. Es muss im Ober- und im Unterbewusstsein auferstehen. Erst wenn es im Ober- und Unterbewusstsein auferstanden ist, dann haben wir auch die Kraft, das zu beheben, was hinter dem Vorsatz liegt, nämlich die Nachlässigkeit, die Undiszipliniertheit, die Gleichgültigkeit, die Gottferne und vieles, vieles mehr.

Wenn wir einen Vorsatz fassen, dann wird das, was wir bisher getan haben, wie wir es bisher hielten, dadurch nicht verschwinden. Es soll und muss bearbeitet werden, denn wir wollen es ja nicht mehr so halten wie bisher. Dafür müssen wir uns anstrengen und dem „alten Adam" den Kampf ansagen. Es ist ein Kämpfen, doch der Kampf lohnt sich, nämlich dann, wenn wir das Positive, also die positiven Gedanken, die positiven Eingaben als Mahnung in unser Ober- und Unterbewusstsein aufnehmen. Die Verbindung mit Christus gibt uns dann die Kraft, das, was noch ist, das, was in dem „Möchte" liegt, zu bearbeiten. Das heißt also: Was wir beheben wollen, liegt noch im Ober- und im Unterbewusstsein und letztlich auch in unserer Seele und darüber hinaus in den Gestirnen, denn das sind die Eingaben, und diese beruhen ja auf unserem Fühlen, Empfinden, Denken, Sprechen und Handeln.

Wir wollen es anders halten, wir haben einen guten Vorsatz gewählt – und dieser Vorsatz muss erst einmal auferstehen. Also müssten wir uns jeden Tag, zuerst einmal am Abend vor dem Schlafengehen, diesen guten, christlichen Vorsatz – ich spreche jetzt bewusst von einem „christlichen Vorsatz", der also in den Geboten, in den Gesetzmäßigkeiten Gottes gründet – vorgeben. Wenn wir uns diesen Vorsatz vorgeben, zuerst einmal am Abend, dann nimmt ihn erst das Unterbewusstsein auf und dann allmählich die Seele. Wenn wir tief schlafen, geht die Seele ihre Wege in den jenseitigen Welten, gemäß unserem Bewusstseinsstand, aber sie hat diesen Vorsatz dabei und wird sich in den jenseitigen Welten mit diesem Vorsatz auseinandersetzen. Denn die Seele trifft unter Umständen Gleichgesinnte, sie kommt in eine Schwingungssphäre, in der sie darüber hört, wie sie den christlichen Vorsatz im Erdenkleid verwirklichen kann. Mit diesen Erfahrungen aus den jenseitigen Welten kommt sie dann zurück, wenn der Schlaf flacher wird; wenn wir erwachen, ist die Seele wieder voll im Körper.

Wir haben den Vorsatz ins Ober- und Unterbewusstsein eingegeben. Dort ist er als Magnet und zieht das, was die Seele sich auf ihren Wegen erarbeitet hat, als wir fest schliefen, ins Unter- und dann ins Oberbewusstsein. Plötzlich kommen positive Gedanken, plötzlich spüren wir am Morgen: Es ist etwas in uns, das uns neue Kraft, neuen Mut gibt. Wir bitten am Morgen Christus, dass wir unseren Vorsatz an diesem Tag halten können, ihn ausüben und in die Praxis transferieren können. So nehmen wir schon am Morgen in unserem Gebet wieder diesen christlichen Vorsatz auf. Es ist dann nicht nur ein Gedanke, den wir irgendwann einmal gewählt haben, wie z.B.: „Ich möchte Gott näherkommen“, sondern dieser Vorsatz baut sich allmählich auf: Wie komme ich Gott näher? Was werde ich heute tun?

Plötzlich kommen im Laufe des Tages Probleme. Unser Vorsatz, der sich immer mehr aufbaut, der immer mehr in unserem Ober- und Unterbewusstsein aufersteht, mahnt uns und führt uns in das Gespräch, führt uns unter Umständen in eine gesetzmäßige Lösung.

Sollten wir um die Mittagszeit unseren Vorsatz vergessen haben – das geschieht, wenn er in unserem Ober- und Unterbewusstsein noch nicht auferstanden ist –, dann sollten wir uns kurz zurückziehen und uns diesen Vorsatz – ich betone, diesen christlichen Vorsatz, also entsprechend den Geboten der Gottes- und Nächstenliebe – wieder eingeben und uns bewusst machen: „Ich gebe nun diesen meinen Vorsatz ins Oberbewusstsein, in mein Unterbewusstsein und auch in meine Seele und gebe ihn meiner Seele mit.“ Das führt augenblicklich zur Kommunikation mit dem Christus-Gottes-Geist in uns. Wir werden dann nicht nur unseren Vorsatz wiederholen, sondern wir werden auch einige innige Gebetsgedanken an Christus richten. Wenn es um die Mittagszeit nur fünf oder sieben Minuten sind – das reicht. Und wenn es auch nur drei Minuten sind – es reicht. Wenn diese drei Minuten innig sind, haben wir mehr für unsere Seele und für unseren Leib getan, als wenn wir uns zehn Minuten zu einer oberflächlichen Meditation hinsetzen und im Oberbewusstsein einfach das wiederholen, was wir uns vorgegeben haben. Wir bekommen also wieder die Kraft für den Nachmittag, unser Vorsatz greift. Christus wird in unserem Vorsatz lebendig und ist der Mahner. Er ist auch Der, der uns erinnert, der uns immer wieder – dann, wenn wir in unsere alten Gewohnheiten fallen – ermahnt und uns zugleich Impulse gibt, wie wir uns z.B. am Arbeitsplatz verhalten sollen, wie wir eine Arbeit beginnen und beenden können. Er gibt uns Kraft für die Arbeit, Er macht uns Mut in Gesprächen und vieles mehr.

Am Abend dann, kurz vor dem Schlafengehen, geben wir unseren Vorsatz wieder in unser Ober- und Unterbewusstsein ein und geben ihn wieder der Seele mit auf ihre Reise. Wenn wir das ernsthaft tun, ja ernsthaft wollen, neue Menschen im Geist des Christus Gottes zu werden, dann werden wir jeden Morgen gestärkter sein. Unsere Seele wird lichter werden, und wir werden viel mehr Kraft erlangen. Unser Vorsatz oder unsere Vorsätze sind dann in uns auferstanden; es sind die Mahner, die Führer, die Lenker. Unsere

Gebete werden tiefer, unsere Gedanken positiver, unser Leben wird bewusster. Wir haben dann aber auch die Kraft, alles, was uns der Tag an Sündhaftem aufzeigt, zu bereinigen, denn die guten, ja wahrlich christlichen Vorsätze sind in uns auferstanden. Es sind Aspekte des Christus Gottes in uns, die uns ermahnen, die uns erinnern, die uns führen und die uns leiten.

Vorsätze sind ja Eingaben, und Eingaben sind Seismographen – sie suchen genau das, was noch hinter dem Vorsatz liegt, was den Vorsatz stören könnte oder gestört hat. Bereinigen wir das, was wir erkannt haben, mit Christus, dann kommen wir der Verwirklichung unseres Vorsatzes näher.

Ein Vorsatz könnte zum Beispiel sein: Wir müssen mehr selbstverantwortlich sein. Selbstverantwortlich heißt, wir sind auch vor Gott verantwortlich für das, was wir denken, reden und tun. In dem Augenblick, in dem wir uns bewusst machen: „Ich bin Gott gegenüber verantwortlich für all mein Denken, Reden und Tun", werden wir auch unser Leben im positiven Sinne verändern. Das bedeutet dann aber auch Verantwortungstreue unserem Nächsten gegenüber.

Gott zu gefallen, ist ein hoher Anspruch, und doch ist es ein hohes Ziel, unser göttliches Erbe zu erreichen. Wenn wir uns das immer wieder vornehmen, in jeder Situation, auch dann, wenn es einmal schwer wird: „Ich will Gott gefallen", dann wird uns das innere Licht immer wieder die Antwort geben: „Halte inne, gefalle Gott!" Das ist dann die Antwort aus unserer Vorgabe: „Halte inne, gefalle Gott!" Und dann wissen wir auch, was zu tun ist.

Also: Der neue Mensch. Wie bleibe ich meinen Vorsätzen treu? Wie?

Halte dich daran, Christus hält dich!

Die Sprache der Seele über Gefühle und Stimmungen

Aus den gleichnamigen Seminaren von Gabriele im Jahr 2007

Die Gottes- und Nächstenliebe ist die tiefste Gravur in unserer Seele, denn sie ist das Zentrum unseres geistigen Leibes, das Herz unseres wahren Wesens.

Die Gottes- und Nächstenliebe bedrängt weder Mensch noch Tier.

Die himmlische Liebe erwartet nichts. Sie ist das Wort, das nur in der Tiefe des inneren Herzens seinen Ausdruck findet.

Die Gottes- und Nächstenliebe bindet nicht.

Sie urteilt und verurteilt nicht.

Sie ist unpersönlich.

Die meisten Menschen befinden sich beständig in Erwartungshaltung. Wohin sie auch blicken – es regen sich in ihnen Gefühle und Gedanken, die Erwartungen gegenüber Mitmenschen beinhalten. Auch dann, wenn wir einen unserer Nächsten bewerten, ist immer die Erwartung das Zentrale; z.B. wollen wir uns und unserer Umwelt „beweisen", dass wir besser sind als der andere. Ob Mann oder Frau – sie wollen schöner, attraktiver, ansprechender und intelligenter sein als der andere.

Die Erwartungshaltung entspricht immer der Eigenliebe. Wir wollen etwas für uns selbst, und letztlich auf Kosten der Energie von Mitmenschen.

Unsere Erwartungen wurzeln meist in unseren Gefühlen, die sich allmählich zur Leidenschaft und zur allzu menschlichen Liebe entwickeln können, je nachdem, was wir in unser Ober- und Unterbewusstsein eingegeben haben. Und so mancher macht die Erfahrung: Leidenschaft schafft immer wieder neue Leiden, die im Grunde doch immer wieder die alten sind.

Wer gelernt hat, in den Urgrund seines wahren Seins einzutauchen, in die Gottes- und Nächstenliebe, der erwartet nichts. Er hat auch nicht die leidenschaftliche Prägung, gleich, welcher Art.

Die wahre Liebe stellt keine Ansprüche, weil sie das besitzt, dem viele Menschen Tag für Tag nachjagen: inneres Glück, Zufriedenheit, Geborgenheit und weitere unschätzbare Werte.

Wahre Liebe findet in Gott Trost und empfängt von Gott das innere Heil.

Menschen in der Gottes- und Nächstenliebe fühlen sich einzig als „Verkörperte" – sie leben in ihrem menschlichen Körper bewusst als Wesen in Gott. Sie wirken und arbeiten durch ihr „Gefährt", den physischen Leib. Wer sein Bewusstsein zum Unendlichen, dem Göttlichen, erhoben hat, der fragt nicht, wer er ist – er weiß es; es ist ihm bewusst.

Menschen in der Gottes- und Nächstenliebe fühlen ihr geistiges Herz pulsieren. Sie vergeuden keine Energie, weil Liebe gibt, weil Liebe tröstet, weil Liebe hilft.

Dem, der als unendliches Wesen in seinem Körper lebt, zeigen die Reaktionen seines Nächsten, inwieweit er jeweils seinem Nächsten, seinem Mitmenschen, entgegenkommen darf, sei es in der Hilfe, im Spenden von Trost und anderem mehr.

Menschen in der Gottes- und Nächstenliebe sind immer bereit, zu geben und zu helfen, so weit, wie der Nächste es wünscht.

Wer gelernt hat, im physischen Leib als geistiges Wesen zu leben, der ist in Gottes Allmacht und fühlt den Strom kosmischer Kraft, die Liebe und Weisheit. Als geistig ewiges Wesen im Erdenkleid zu leben, heißt, feinfühlig zu sein für die Macht des Geistes und durchlässig für den göttlichen, den ewigen Strom.

Nur durch Ordnung und ständige Selbstüberwachung – was als „Zucht“ bezeichnet werden könnte – und durch Übung erfährt und erlebt der Mensch, dass sein wahres Wesen nicht von dieser Welt ist.

Was heißt „Zucht“?

Zucht besagt: Selbstdisziplin; das Überwinden unserer menschlichen Trägheit und Nachlässigkeit, auch bezüglich unserer allzu menschlichen Gedanken und sündhaften Neigungen. Durch Selbstzucht, durch Übung und durch geistiges Lernen, indem wir uns einwärts wenden, werden wir durchlässig für die Kraft des Lichtes und werden zu dem Wesen, das im physischen Leib bewusst lebt.

So mancher wird nun einwenden: „Ist es nicht aber sehr schwer, Ordnung und Zucht beizubehalten?“

Ich kann jedoch sagen: Es ist sehr wohl möglich! Denn Jesus sprach zu uns Menschen sinngemäß: *Ihr sollt vollkommen sein, wie euer Vater im Himmel vollkommen ist.*

Und wäre das nicht möglich, dann hätte es uns Jesus, der Christus, nicht gelehrt!

Ohne die Hingabe an Ordnung und Selbstzucht – woraus sich das geistige Lernen und somit inneres, geistiges Wachstum ergibt – haben negative Gedanken, gehässige Worte, Neid, Missgunst, Hader und dergleichen Macht über uns, weil wir sie immer wieder mit Gleichem nähren.

Um zur Gottes- und Nächstenliebe, zu unserem wahren Wesen zu finden, damit wir also erfahren und erleben, dass in unserem Körper ein Wesen aus Gottes Allmacht und Liebe ist, müssen wir vor allem unsere allzu menschlichen, teilweise eingefleischten Gewohnheiten überwinden.

Überwinden heißt nicht verdrängen! Überwinden heißt, die unlautere Neigung anzuschauen, sie zu hinterfragen, das Warum und Wieso abzuwägen, um das Ungute zu erkennen und abzulegen. Wesentlich hierbei ist auch unsere persönliche Zielsetzung. *Wofür* möchte ich es lassen?

Merken wir uns Folgendes: Alle gegensätzlichen Gefühle, Gedanken, Worte und Handlungen prägen sich mit der Zeit in das Unterbewusstsein ein. Durch immer wieder gleiches Denken und Verhalten verwurzeln sie sich immer tiefer bis in unsere Körperzellen hinein. Diese Prägung gilt es aufzuarbeiten.

Viele Menschen bejahen die Existenz ihrer Seele, die im physischen Körper pulsiert. Doch die Sprache unserer Seele kennen wir Menschen kaum.

Selten vernehmen wir unsere Seele; wir glauben, sie wäre ein stummes Wesen in uns.

Nichts, aber auch gar nichts in unserem Dasein ist stumm! Jeder Sonnenstrahl ist eine Offenbarung Gottes. Die Strahlungen sämtlicher Planeten sind Worte des Lebens. Jeder unscheinbare Grashalm ist eine Symphonie aus dem Bewusstsein des *Ich Bin*. Jedes Tier, ob groß, ob klein, strahlt das Leben aus Gottes All-Leben aus und fühlt, dass in ihm die Schöpferkraft pulsiert.

Der Mensch hingegen ist abgestumpft, auch im Hinblick auf seine Seele. Wir Menschen schauen meist nur auf die Hülle, den Körper, auf die Materie, auch auf die Hüllen der Tiere und der Pflanzen. Wir merken nicht, was in ihnen vorgeht.

Seit dem Fall der göttlichen Wesen verdichtete sich der feine Stoff und wurde Materie. Auf dem Weg der Verdichtung entstand die Hülle der Seele, der Mensch, und seine dreidimensionale Welt.

Wir Menschen sprechen global von „Materie“. Materie ist jedoch nicht gleich Materie! Es gibt eine feinere Materie und eine gröbere und eine ganz grobe Materie.

Menschen, die mehr und mehr in der Allmacht Gottes, in der Gottes- und Nächstenliebe leben, merken, dass in ihnen ihr wahres Wesen pulsiert, das himmlische Sein. Ein solcher materieller Körper ist um vieles feiner.

Allgemein ist zu sagen: Die Konsistenz des menschlichen materiellen Leibes verändert sich infolge der Ausrichtung des Menschen auf das Göttliche in seiner Seele. Mit zunehmender Hinwendung zum Göttlichen wird der physische Körper nach und nach feiner. Die Struktur eines Menschen, der sich erst seit kurzem bemüht, seinem wahren Wesen näherzukommen, ist daher noch als „gröber" zu charakterisieren.

Gröber und dichter ist vor allem die Materie jener Menschen, die sich durch ihr falsches Denken und Tun von Gott abgewandt haben. Grob – das heißt sehr verdichtet, bis hin zur fast berstenden Dichte – ist der Mensch, der brutal, aggressiv und zerstörend auf Mensch, Tier- und Pflanzenwelt einwirkt.

Wie findet der Mensch zur Sprache seiner Seele?

Zum einen möchte die Gottes- und Nächstenliebe durch unsere Seele unseren Körper erreichen. Zum anderen möchte auch unsere Seele, dass sie von uns, dem Menschen, vernommen wird.

Ist unser Ober- und Unterbewusstsein noch sehr belastet, dann sind auch die Partikel der Seele entsprechend verdunkelt. Trotz der unterschiedlichen Grade von Licht und Schatten versucht die Seele, uns zu erreichen.

Wir können sie über unsere Gefühle vernehmen, denn die Gefühle sind gleichsam Schaltstelle zwischen Seele und physischem Körper. Über den Resonanzboden „Gefühl“ macht sich die Seele bemerkbar.

Die Seele hat keine Gedanken. Sie hat keine Worte. Sie tut sich in den entsprechenden Stimmungen kund, die die Tagesereignisse mit sich bringen.

Die Stimmungen, die uns täglich durchziehen, sind ganz unterschiedlich, je nachdem, was wir sehen, hören, riechen, schmecken oder tasten. Tagsüber erleben wir, dass von außen über die Sinne Impulse zu unserer Gefühlsebene gelangen. Die Seele antwortet über das Gefühl und teilt sich in den entsprechenden Stimmungen mit.

Am frühen Morgen, wenn wir erwachen, meldet sich schon unsere Seele. Über unser Gefühl entwickelt sich eine Stimmungslage. Entweder sind wir gut oder schlecht gelaunt. Wir freuen oder wir ärgern uns. Der eine ist traurig, der andere verängstigt oder sorgenvoll.

Alles beruht zuerst auf Gestimmtheit bzw. Stimmungen. Sie kommen aus der Seele über die Gefühlsebene. Schon beim Erwachen spricht also unsere Seele zu uns. Die Stimmungen haben zuerst ihre Bilder. Lassen wir es zu, dass uns die Bilder näherkommen können, dann erfahren wir unter

Umständen in Gedanken, was für den heutigen Tag von Bedeutung ist.

Die Seele hat zu uns gesprochen.

Träume können ebenfalls Stimmungen ins Unter- und Oberbewusstsein befördern.

Vielfach bagatellisieren wir unseren Traum: „Nun, das war eben nichts als ein Traum." – Doch alles, aber auch alles, will uns etwas sagen! Vor allem, wenn der Traum Stimmungen hinterlässt.

Wenn ein Traum noch „da" ist, das heißt, wenn die Bilder eines Traumes noch da sind, dann merken wir gewisse Stimmungen, die uns aus dem Traum entgegenkommen.

Der Traum selbst ist meistens Symbolik, so wie alles, was wir tun, letztlich eine Symbolsprache ist. Auch der Traum ist Symbol. Er hat Bilder, die sich aus verschiedenen Situationen zusammensetzen können. Doch die Stimmung kommt aus einem bestimmten Aspekt des Traumes, und dieser Aspekt ist eventuell eine Hilfe für den Tag.

Eine Stimmung aus dem Traum wird zu Gedanken und zu Bildern, wenn wir sie zulassen. Bemühen wir uns, am Morgen, wenn diese Stimmung aus dem Traum kommt, sie kommen, aufsteigen zu lassen, dann kommt diese Stimmung in unsere Gedanken, und wir wissen ungefähr, was sie uns sagen will. Sie kommt aber auch in Bildern im Tag und zeigt uns wieder, was der Traum uns signalisieren wollte; es ist ganz unterschiedlich, aber ein Traum setzt sich oft aus verschiedenen Situationen zusammen, und eine Situation bringt die Stimmung.

Auch morgendliche Schmerzen können bestimmte Stimmungen auslösen. Wir sollten uns also Zeit nehmen, um zu ergründen, was unsere Stimmungen uns – über unser Unter- und Oberbewusstsein – übermitteln wollen.

Jeden Augenblick gilt:
Christus in uns ist unser Helfer.

Die Gefühlsebene zeigt uns schon am Morgen und den ganzen Tag über, was in unseren Seelenpartikeln und in unserem Unter- und Oberbewusstsein vor sich geht: Freude oder Leid, Angst oder Sorgen, Hemmungen oder Zwänge.

Das Gefühl übermittelt uns also in Stimmungen die Botschaft für den Tag. Die Gefühle, die Botschaft aus der Seele, kann unter Umständen sehr drängend sein, vor allem dann, wenn ein sogenanntes „mulmiges" Gefühl im Sonnengeflecht im zentralen Nervensystem auftritt. Das ist oftmals ein Mahn- und Weckruf der Seele.

Wesentlich ist zu wissen: Aus unseren Seelenpartikeln und aus unserem Unter- und Oberbewusstsein tritt nur das zutage, was der Einzelne zuvor diesen drei Komponenten,

Seele, Unter- und Oberbewusstsein, zugedacht und zugesprochen hat.

Auch unsere falschen Handlungen, alles, was wir tun, das nicht unserem wahren Wesen entspricht, kommt aus der Seele und offenbart sich in den entsprechenden Stimmungen.

Jede Stimmungslage – einerlei, welche Bilder und Gedanken sie hervorbringt – haben wir selbst eingegeben. Die Seele teilt sich mit, weil sie sich vom Allzumenschlichen, vom Sündhaften, befreien will.

Alles, was aus unserer Seele kommt – positiv oder negativ –, sind letzten Endes wir selbst. Wir selbst haben es zuerst in das Oberbewusstsein eingegeben. Sofern negative Eingaben nicht sehr bald erkannt und bereinigt werden, graben sie sich ins Unterbewusstsein ein und verdunkeln die Partikel unserer Seele.

Die sogenannten „Gewissensbisse“ erreichen uns ebenfalls aus der Gefühlsebene.

Auch das Gewissen hat Stimmungen. Da gibt es z.B. die Angst vor irgendetwas – wir wissen noch nicht, was es ist, doch wir fühlen Ängste; wir fühlen uns bedroht; wir fühlen Getriebensein; wir fühlen, dass wir etwas gesagt oder gar getan haben, das uns nicht nur belastet, sondern unter Umständen gefährlich werden könnte.

Wir werden von unserer Seele angeregt, die Stimmungen im Oberbewusstsein aufzuschlüsseln, die sich entwickelnden Gedanken anzuschauen, um zu ergründen, was zu beheben wäre.

Die aufgeschlüsselten Gewissensregungen helfen uns auch, zur Reue zu finden und das Ungute mit Christus zu überwinden. Sie stehen uns unter anderem bei, eventuelle Gefahren rechtzeitig zu erkennen und ihnen wirksam zu begegnen. Wichtig ist jeweils, dass wir umdenken und Gleiches und Ähnliches nicht mehr denken, reden und tun.

Auch wenn wir über etwas erschrecken oder wenn Menschen zu uns etwas sagen, das uns aufscheucht, wenn unser Blut in Wallung kommt und sich die Stimmung ändert, dann können wir gewiss sein: Unsere Seele sendet ihre Signale.

Die Stimmung zeigt sich entweder in Bildern oder Gedanken.

Aufbrausende Gefühle oder Niedergeschlagenheit sind ebenfalls Stimmungslagen, die gewisse Inhalte haben.

So mancher meint: „In der heutigen Zeit können wir uns keine Gefühle leisten."

Gefühle haben jedoch nichts mit der „Gefühlsduselei" zu tun, die auf Selbstmitleid und Abwertung des Nächsten basiert. Wer sein Gefühl ausschaltet, der schaltet auch sein Gewissen aus.

Wer diese Ebene ignoriert, wird mit der Zeit zu einem sogenannten Monster, das andere nur abwertet, um sein Persönliches, sein Ego, in den Vordergrund zu rücken. Dabei taktiert er oftmals geschickt und stets um seiner selbst willen. Gegen andere zu sein heißt immer, eigennützig für sich selbst zu sein, für sein Allzumenschliches, für sein Ego. Das mag dem Einzelnen unter Umständen vorübergehend Vorteile verschaffen – glücklich, auf Dauer wahrhaft glücklich, ist dadurch aber noch niemand geworden.

Das Gefühl ist die Verbindung zur Seele. Und über das Gefühl gibt Christus Impulse. Wir empfinden z.B. etwas, wissen noch nicht, was genau wir empfinden, aber diese Empfindung geht in unsere Gedankenwelt ein. Hinterfragen wir: „Was liegt in meinen Gedanken?" und bitten wir Christus um Hilfe, dann kommt aus dem Seelengrund der Impuls. Es tun sich in uns Bilder auf, es blättern sich weitere Gedanken auf – und wir wissen, was bei uns zugrunde liegt. Je mehr wir uns erforschen, was bei uns zugrunde liegt, und das bereinigen und nicht mehr tun, desto mehr erweitert sich das Bewusstsein, und wir lernen unseren Nächsten zu verstehen. Aber wenn die Gefühlsebene „zu" ist, wird der Nächste nicht verstanden, ganz im Gegenteil.

So könnte man doch die Frage stellen: Wer sitzt zwischen Seele und Mensch? Wer blockiert die Gefühlsebene, die Verbindung zur Seele und zu Christus?

Zum einen sind es wir selbst, indem wir eine riesige Mauer aufbauen. Wir hören immer wieder die Gesetze des Lebens, wir wissen um die Zehn Gebote Gottes, wir wissen um die Lehren des Jesus, des Christus. Aber wir beginnen nicht die Verwirklichung, und zwar Schritt für Schritt. Es heißt nicht, wir sollen von heute auf morgen alles verwirklicht haben, nein, aber wir sollten die Schritte tun, jeden Tag, zu Christus in uns. Dann wird das Gefühl und die Empfindung immer lebendiger, und wir lernen, was wir bereinigen sollen, um Ihm näherzukommen und auch unseren Nächsten zu verstehen. Dann löst sich die Rechthaberei, und die Gerechtigkeit zieht ein. Denn das Gefühl wägt, und die Empfindung misst. Das heißt also, es kommt ein sogenanntes mulmiges Gefühl, und wir erkennen: Hier ist etwas angekommen, das uns etwas sagen möchte. Bereinigen wir unser Allzumenschliches, unser Sündhaftes, und tun wir es nicht mehr, dann haben wir Zugang zu unserer Gefühlsebene. Wir haben Zugang zu Christus in uns. Tun wir das nicht, dann bauen wir eine Blockade. Und diese Blockade kann eine Mauer sein zwischen Seele und Mensch. Dann sind wir sozusagen ein Monster – wir schlagen nur um uns.

Wir erkennen, wie wichtig das Gefühl in uns ist, die Tür zum Leben, zu Christus – und von Christus auch zu uns.

Das Christus-Telefon – eine Hotline für „Bitte“ und „Danke“

Aus einer Lehrstunde von Gabriele
am 1. Dezember 2006

Gerade in unserer Zeit, in der sich die Turbulenzen die Hand reichen, ruft der Gottesgeist, gibt uns Hilfen über Hilfen, doch Er mahnt auch: „Rette sich, wer sich retten lassen möchte, bevor diese Welt vergeht!“

Ein Mahnruf, ein Weckruf, denn die Menschheit in allen Generationen hat sich gegen die Mutter Erde schwer versündigt. Sie ist gegen den Gottesgeist, gegen die Mutter Erde. Die Kapriolen menschlichen Ichs haben der Mutter Erde unzähliges Leid zugefügt, bis zum heutigen Tag.

Die Menschen hörten selten auf Gottes Wort, doch der Mahner, Gott, unser Vater in Christus, war immer und ist immer gegenwärtig. Er pocht in uns. Er pocht in unserem Gewissen. Er ruft uns über die Zehn Gebote, die Er uns durch Mose gab. Er ruft uns durch die Lehren des Jesus, des Christus. Seine Liebe lässt nicht locker – Seine Liebe ist unendlich groß.

Jesus, der Sohn Gottes, wurde auf Golgatha am Kreuz unser Erlöser. Die erlösende Kraft ist in jedem von uns.

Wenn der Mensch stiller wird, sich bewusst wird, dass das Innerste nicht von dieser Welt ist, dann fühlt er immer mal wieder den Pulsschlag der Unendlichkeit. Es ist das Herz der Seele, es ist das Pochen des liebenden ewigen Vaters, der uns durch Christus, unseren Erlöser, ruft.

Viele Menschen wissen: Christus in uns.

Doch so mancher fragt: „Ja, wo ist Christus? Wie kann ich Ihn erreichen?"

Wie ist es, wenn wir Menschen mit unseren Nächsten sprechen wollen? Wir sind doch gewohnt, dass wir dann zum Hörer greifen, das Handy aus der Tasche ziehen, zum Computer eilen oder anderweitig versuchen, mit unserem Mitmenschen in Kontakt zu kommen. Es ist uns zur Gewohnheit geworden: Ich kann jederzeit mit meinen Mitmenschen reden.

Zu Christus zu sprechen, ist jedoch für viele immer noch „abstrakt". Deshalb gibt es viele Übungen, um Christus in uns zu begegnen – natürlich, wer möchte! Ein Vorschlag aus dem Reich Gottes ist, dass diejenigen, die wirklich bestrebt sind, Christus näherzukommen, den „geistigen Hörer" ergreifen, um zu Ihm zu sprechen.

Wo ist denn der Hörer?

Wie können wir denn zu Christus sprechen?

Viele von uns wissen, dass in der Nähe unseres Herzens die „Christus-Zentrale“ ist, das Christuslicht, das die geistigen Zentren durchleuchtet und durchströmt – die Zentren, die in uns angelegt sind: das Bewusstseinszentrum der Ordnung, das Zentrum des Willens, der Weisheit, des Ernstes, der Geduld, der Liebe und der Barmherzigkeit. In uns läuft also ein energetischer Strom, der immer gegenwärtig ist, der durch unseren Atem strömt, der unsere Zellen erhellt, der in unserer Seele pulsiert.

Wie gesagt, wir Menschen sind gewohnt, zum Hörer zu greifen, um mit unserem Nächsten zu reden.

Das Reich Gottes lehrt uns: „Christus in uns.“

Wir wissen: In der Nähe des Herzens, also in unserem Brustkorb, ist die zentrale Stelle des Christus Gottes. Nennen wir diese zentrale Stelle den „Hörer“, den geistigen Hörer. Greifen wir doch öfter zum geistigen Hörer!

Probieren wir es einmal aus:

Legen wir die rechte Hand auf unsere Brust.

Hier ist das zentrale Licht; hier ist der geistige Hörer; hier können wir hineinsprechen, in unser Inneres hinein.

Hier ist das Christus-Zentrum, die Christus-Zentrale, die uns hört, die unsere tiefen Bitten, unsere Gespräche aufnimmt. Und Christus in uns gibt uns Antwort.

Wir hören Ihn noch nicht. Warum nicht? – Brauchen wir eine Rufnummer? Nein. Doch wir brauchen mehr und mehr die Erfüllung der Zehn Gebote Gottes und der Lehren des Jesus, des Christus.

Damit wir merken und spüren, dass Er tatsächlich gegenwärtig ist, sollten wir uns angewöhnen, des Öfteren zum Hörer zu greifen, zum „geistigen Hörer", zum Christus-Gottes-Zentrum.

Wenn wir beten, sollten wir uns vorgeben: Wir beten nach innen. Gewöhnen wir uns an, wenn wir beten, unsere Hand zuerst einmal auf das Christus-Zentrum zu legen, auf die Zentrale, die uns hört, die alles vernimmt.

Denken wir tief in die Christus-Zentrale hinein:

„Christus in mir". Damit greifen wir zum Hörer. Wir rufen Ihn an.

Jeder von uns kann dann, wenn er z.B. hektisch wird, immer wieder schnell zum Christus-Zentrum, zum Hörer, greifen: „Christus in mir". Wir können – ganz gleich wo wir sind – durch die Jacke die rechte Hand schnell auf das Christus-Zentrum legen in dem Bewusstsein: „Christus in mir".

Der nächste Schritt wäre: dass wir während eines Gesprächs mit unserem Nächsten ebenfalls zunächst still in uns hineinsprechen: „Christus in mir" – und dann weiter: „Christus in meinem Nächsten".

Oft begegnen wir vielen Menschen, hektischen Menschen. Auch in uns kommen oft viele negative Gedanken. Üben wir uns: „Christus in mir". In dem Moment, in dem wir ernsthaft denken „Christus in mir", werden wir weicher. Plötzlich schlägt das Gewissen, und wir sagen uns selbst: „So können wir nicht über unseren Nächsten denken oder gar mit ihm reden!"

Gehen wir in ein Gespräch, und wissen wir, dass wir dabei Menschen begegnen, die uns nicht gerade wohlgesonnen sind, dann sollten wir nicht gleich loslegen, sondern uns einfach kurz abwenden oder schnell die Hand auf das Christus-Zentrum legen, „Christus in mir!" – ganz kurz. Man kann ja kurz die Hand auf die Brust legen, das ist kein Problem.

Wichtig ist: „Christus in mir – und Christus in all jenen, mit denen ich jetzt ins Gespräch komme." Halten wir kurz inne und gehen wir so ins Gespräch, und wir werden plötzlich fühlen: Es tut sich etwas in uns. Vorher hätten wir vielleicht gedacht: „Dem werde ich es jetzt sagen!" – Und jetzt sagen wir: „Ja, ich werde es klar und deutlich sagen", aber unsere Worte werden ganz anders sein. Sie haben Gewicht, Kraft bekommen; es ist der Gottesgeist, den wir angerufen haben.

Wenn die Familie zusammenkommt, und wenn es dabei vielleicht auch einmal recht hektisch hergeht, wenn so mancher streiten will oder wir selbst ungehalten und streitsüchtig sind: Legen wir ganz schnell die Hand auf das Christus-Zentrum. Die „Christus-Zentrale“ vernimmt immer unsere ehrliche Bitte um Hilfe: „Christus in mir – Christus in meinem Nächsten – Christus in allen Familiengliedern – Christus in mir“.

Spüren wir hinein! Dann gehen wir ins Gespräch, in die Familienrunde, dann gehen wir zu Tisch. Und wir werden spüren, dass sich etwas in uns tut. Wir fühlen plötzlich, dass wir anders formulieren, dass wir anders reden, dass ganz andere Worte kommen. – Es ist der Gottesgeist, der uns beisteht. Und wenn wir einmal aus unserem Inneren „herausfallen“, ist das auch nicht schlimm. Das Gewissen pocht und sagt: „So, das und das steht zur Bereinigung an.“

Und was tut sich dabei?

So mancher spürt eine Pulsation in sich. Christus möchte sich uns mitteilen. Doch im Gehirn sind noch so viele Turbulenzen. Wenn wir uns bemühen, diese Turbulenzen mit Ihm abzubauen, das, was der Tag so bringt an Allzumenschlichem – wir sagen auch: an Sündhaftem – zu erkennen, zu bereinigen und uns mehr und mehr die Gebote Gottes und die Lehren unseres Erlösers bewusst zu machen, dann werden wir ruhig, die Turbulenzen schwinden. Wir werden sicherer, wir leben bewusster, wir atmen tiefer. Freude und Dankbarkeit ziehen in uns ein. Wir erleben etwas, das wir vielleicht bisher nur abstrakt ansprachen: Christus in uns.

Wir rufen Ihn an. Wir nehmen den geistigen Hörer zur Hand. Wir sprechen zu Ihm, wir beten zu Ihm. Und wir nehmen uns diese Übung vor:

„Christus in mir! – Christus in meinem Nächsten!“

Einerlei, wo wir Menschen begegnen, einerlei, mit wem wir reden – am Arbeitsplatz, in der Familie, im Betrieb –, überall ist Geschäftigkeit, doch Einer ist da, der Sicherheit und Ruhe ist:

„Christus in mir! – Christus in meinem Nächsten!“

Wir Menschen sind gewohnt, uns an irgendetwas zu halten, und sei es an den Telefonhörer. Und hier halten wir uns an dem zentralen Hörer fest, am universellen Hörer, am Christus-Gottes-Zentrum, an der Zentrale unseres Seins, an der Schaltstelle für unseren geistigen Strom.

Wer möchte, der macht mit.

Und wir spüren: Er lässt uns nicht allein.

„Rette sich, wer sich retten lassen möchte, bevor diese Welt vergeht!“ – ein Ruf des Herzens von Gott, unserem ewigen Vater, an uns, der uns an Sein Herz drücken möchte und zu Dem wir finden durch Christus, unseren Erlöser.

Lerne, mit der Natur und den Tieren zu leben, dann lernst du dich besser verstehen und auch deinen Nächsten

Aus dem gleichnamigen Seminar von Gabriele am 3. März 2001

Um uns selbst besser verstehen zu lernen, hinterfragen wir als erstes, was für uns „Verantwortung“ bedeutet. Das Wort „Verantwortung“ ist für so manchen Menschen nur ein Begriff, etwas Abstraktes, das ihn gleichsam nur theoretisch betrifft. Daher macht es ihm auch nicht viel aus, wenn er hört, dass er für all sein Denken, Reden und Tun vor dem Gesetz Gottes selbst verantwortlich ist.

Machen wir uns bewusst, dass alle Gefühle, Empfindungen, Gedanken, jedes Wort, ja unser ganzes Verhalten Energie ist und dass keine Energie verloren geht, so ist es eine logische Schlussfolgerung, dass auf jede Aktion eine Reaktion erfolgen muss. Doch das ist nicht nur eine abstrakte Regel, eine Wahrheit, die unser Verstand bejaht, und es gilt nicht nur global, auf unsere Welt als Ganzes bezogen – die Kette von Aktionen und Reaktionen ist vielmehr die Realität unseres persönlichen irdischen Lebens.

Jeder Einzelne agiert unaufhörlich; er sendet Gefühle aus, Empfindungen, Gedanken, er spricht, er handelt. Entsprechend dem Inhalt seiner Aktionen bewirkt er dies und das, wofür er verantwortlich ist und bleibt. Und jede Aktion, die vom Menschen ausgeht, kommt als Reaktion wieder auf ihn zurück, geht als energetische Aufzeichnung in seine Seele und in seine Zellstruktur ein und wird als Eingabe im Kosmos gespeichert. Somit trägt jeder von uns selbst die Verantwortung für sein Tun und Lassen, auch für sein Unterlassen bezüglich der von ihm angenommenen göttlichen Gesetzmäßigkeiten.

Wie oft sagen wir „ich will ..." – und tun es doch nicht. Zum Beispiel: „Ich will mit meinen Mitmenschen und mit der Natur und den Tieren leben", doch die daraus folgende Arbeit an uns selbst, das Umsetzen der Gesetzmäßigkeiten Gottes, die unser wahres Leben sind, wollen viele nicht.

„Wir wollen ..." bzw. „ich will ..." bedeutet: Wir haben eingesehen, dass das, was wir als Absicht bekunden, für uns ansteht. Doch dabei sollten wir es nicht belassen! Im Volksmund heißt es „Der Weg zur Hölle ist mit guten Vorsätzen gepflastert." Gemeint sind eben diese guten Erkenntnisse, denen wir mit den Worten „ich will ..." den Vorsatz folgen lassen, aber dennoch keine Konsequenzen in unserem Leben daraus ziehen. So ist das Wort „wollen" wie das Wort „Verantwortung" zu einem dehnbaren Begriff geworden,

den jeder für sich persönlich so auslegt, wie es ihm gerade zum Vorteil ist.

Die folgenden Ausführungen zum Thema „Lerne, mit der Natur und den Tieren zu leben, dann lernst du dich besser verstehen und auch deinen Nächsten“ richten sich an jene, die sich nicht mit dem Vorsatz, mit der Erkenntnis, was eigentlich zu tun wäre, begnügen, sondern sich entschieden haben, daraufhin die Weichen in ihrem Leben neu zu stellen.

Wollen wir in rechter Weise mit unseren Mitmenschen und mit der Natur leben, dann müssen wir uns als erstes bewusst machen, dass Leben göttliche Kommunikation ist. Alles, was wir sehen und was wir nicht sehen, ist Leben. Die ganze Unendlichkeit, alle reinen Kräfte und reinen Formen sind erfüllt vom Leben, das Gott ist. Hingegen sind die Erde und alles, was in ihr, auf ihr und über ihr lebt, auch das materielle Universum, nur ein Spiegelbild der Unendlichkeit, nur Reflexion des Seins. Das Ur-Bild ist das Sein; es ist das Leben. Die Reflexion, das Spiegelbild, beinhaltet das Leben.

Die Naturreiche, wir Menschen, alle Seelen in den Reinigungsebenen, alle materiellen und feinerstofflichen Gestirne sind also nur Reflexionen des Seins. Die Dichte, die Materie, und die feinerstofflichen Gestirne, auf denen Seelen leben, sind nur durchstrahlt und werden getragen vom Leben, Gott. Dies geschieht über den unbelastbaren und somit unzerstörbaren Lebenskern in unserer Seele, die umgeben ist von der verdichteten Lebensform, dem Menschen. Über den Lebens- bzw. Wesenskern ist die Verbindung zu Gott, der einen Quelle des Lebens, gegeben.

Infolgedessen steht in der ganzen Unendlichkeit alles Reine und auch der zentrale Kern, der Wesenskern in der Seele jedes Menschen, untereinander in Kommunikation. Zur Dichte, die aus unterschiedlichen Dichtheitsgraden besteht, gehören der materielle Kosmos, die Reinigungsebenen mit den Seelen, alle Menschen, die Naturreiche, alle Pflanzen- und Tierarten, sämtliche Mineralien in flüssiger und fester Form.

Leben ist die Einheit, auch All-Kommunikation genannt; es ist der All-Geist, der alles Reine eint durch die All-Kommunikation.

Die Naturreiche kennen keine Trennung vom All-Geist. Sie sind verbunden und fühlen sich verbunden mit dem großen All-Einen, der sie eint und mit Dem sie eins sind.

Das Leben, die All-Kommunikation, kennt auch keinen Tod. Machen wir uns bewusst: Alle materiellen Formen der Natur – z.B. der Bäume, der Sträucher, der Blumen – kennen keinen Tod. Das Absterben der äußeren Form ist für die Natur nichts anderes als das Ablegen einer zeitlichen Form, um wieder in der wahren, der ursprünglichen

Bewusstseinsform zu sein. Das Gleiche gilt für die Tiere. Sie kennen keinen „Tod“. Wenn sie ihre zeitliche Form, die ich auch als irdische Tracht bezeichnen möchte, ablegen, dann sind sie das, was sie in ihrem Bewusstsein sind: formgewordener Bewusstseinsstand. Auch Steine, alle Mineralien, fest und flüssig, kennen keinen Tod. Einerlei, wie ihre äußere Form vom Menschen missbraucht und verändert wird – sie bleiben der Bewusstseinsstand im All-Geist.

Allerdings haben Natur und Tiere Angst vor den Menschen, weil diese sie auf vielfältige Art und Weise zu einem unnatürlichen und oftmals bestialischen Sterben zwingen. Viele Menschen töten, ohne über das Leben nachzudenken und darüber, wer es der Natur und den Tieren gegeben hat. Das mutwillige und bewusste Töten der Pflanzen- und Tierwelt ist ein Eingriff in das harmonische Strömen, in die All-Kommunikation, in das Leben.

Die Eingriffe in die Lebenskommunikation werden im Abbild allen Erdengeschehens, in der Atmosphärischen Chronik, aufgezeichnet, z.B. das Abholzen von Bäumen, die im Saft stehen, oder das mutwillige Zertreten und Zerstören von Pflanzen aller Art oder gar die Manipulation an Pflanzengruppen oder das Leidenlassen Hunderttausender von Tieren, das Töten, auch das bewusste Zertreten der Tiere, sie zu quälen, sie ihres artgerechten Lebens zu berauben und vieles, vieles mehr.

Die unzähligen Eingriffe in das Leben der Naturreiche reichen zurück bis zum Beginn der Verdichtung, zum Fallgeschehen. Diese Gegensätzlichkeiten wurden zum einen von immer mehr Menschen übernommen, zum anderen aber auch von vielen Tierarten, die von Menschen über die Atmosphärische Chronik zum Töten angeregt wurden und werden.

Die vom Menschen geschaffenen Programme gegensätzlichen Verhaltens übertrugen sich also auf die Tiere. Der Mensch ist der Verursacher; er trägt dafür die Verantwortung, gleich Schuld. Er belastete und belastet sich – nicht das Tier. Wenn daher Tiere oft die Schwächsten ihrer Tiergeschwister jagen und verzehren, so geschieht das doch nur durch den jahrtausendelangen Einfluss seitens der Menschen. Diese Entartung kam also durch den Menschen zustande und entspricht weder dem All-Leben noch dem naturgemäßen Sterben, wie es in den irdischen Naturgesetzen vorgesehen ist.

Trotz allem, was den Tieren angetan wurde und wird, sind unsere Tiergeschwister um vieles artgerechter und in ihren Verhaltensweisen ethisch-moralisch höherstehend als der Mensch. Der Mensch als menschliche Abartigkeit kann als Töter und Quäler bezeichnet werden. Zum Beispiel quält er auf grausame Art und Weise männliche und weibliche Rinder zu seinem Nutzen und Profit, um die erzwungene

Lebenskraft für eine künstliche Befruchtung aufzubereiten, die er dann auch vornimmt. Bauernhöfe, die von Menschen künstlich befruchtete Tiere als „Masttiere" halten, die der Fleischproduktion dienen, sind nichts anderes als Produktionsstätten von künstlichem Leben, das nach einer gewissen Zeit, die der Bauer bestimmt, getötet wird, damit der Mensch sein Tierkadavermahl halten kann.

Machen wir uns bewusst: Auch die Tiere, die vom Menschen durch künstliche Befruchtung geschaffen wurden und werden, um auf der Schlachtbank zu enden, sind Lebewesen. Allerdings gibt Gott, der Ewige, der All-Geist, den Tieren, die von Menschen im Eigenwillen geschaffen sind, nicht das Leben, sondern der Mensch gab und gibt ihnen einen Teil seiner Lebenskraft. Der Mensch griff in das Naturgesetz ein und entwendete die Trägersubstanz des Lebens, um damit z.B. Tiere zu zeugen, die dazu vorgesehen sind, mutwillig getötet zu werden. Damit spielt sich der Mensch selbst als Schöpfer auf. Da er aber nicht der Schöpfer der Unendlichkeit ist, hängt das Dasein jedes künstlich gezeugten Tieres an der Lebensbatterie all derer, die damit zu tun haben, einschließlich der Menschen, die das Fleisch ihrer Tiergeschwister verzehren, also die Verbraucher.

Menschen, die solche Unmenschlichkeiten an den Tieren befürworten, ausführen und unterstützen, sind gefühlsarm und gewissenlos. Sie halten die Fahne ihres Ego-Prinzips hoch, das lautet: „Ich bin mir selbst der Nächste." Eines Tages werden sie an ihre Fahnenstange gekettet sein. Was dann?

Durch die unzähligen Verhaltenweisen gegen das göttliche Gesetz der Einheit, zu denen auch sämtliche Energien des Fühlens, Empfindens, Denkens und Redens gehören, hat der Mensch seinen individuellen Kreislauf geschaffen. Er kreist nur um sich selbst nach dem Prinzip: „Alles diene mir!"

Der Ego-Kreislauf ist nicht eingebunden in den All-Kreislauf des Lebens. Menschen in diesem engen Ego-Bewusstsein haben sich von der All-Kommunikation abgekoppelt. Sie pflegten und pflegen nur ihr beschränktes kommunikatives Ego. Der persönliche Kreislauf, der Ego-Kreislauf, ist also nur auf den Körper, auf das Fleischliche, bezogen. Er geht von den Eingaben im Ober- und Unterbewusstsein aus, also vom Gehirn, über die gleichartig gespeicherten, also belasteten Körperzellen und Körperfunktionen, und geht wieder zurück zum Ober- und Unterbewusstsein. Die Steuerung erfolgt unter anderem durch die Eingaben des Menschen in den entsprechenden Speicherplaneten. Der Gedanke an die unsterbliche Seele und an die Kommunikation mit dem All-Leben ging dabei verloren. Die Folge daraus ist, dass sich der Mensch weitgehend nur mit sich und seinen Belangen beschäftigt. Sein persönliches Wohl, sein Wohlergehen und seine Anerkennung stehen im Vordergrund. Das bezeichnet er dann als das Leben.

Wie entsteht der persönliche Kreislauf? Kurz gesagt, folgendermaßen: Der Mensch hat eine unsterbliche Seele, in der sich der unbelastbare Wesenskern befindet, der göttlich ist. Der Wesenskern steht in der All-Kommunikation mit Gott, dem Leben, also mit der Unendlichkeit, mit allen reinen Kräften und Formen und mit dem Leben *in* den materiellen Naturreichen, somit auch mit dem Wesenskern in allen Menschen. Um den unbelastbaren Wesenskern bildeten sich Hüllen als Folge gegensätzlicher Verhaltensweisen. Die äußere, dichte, sehr stark vergröberte Hülle, also das Grobstoffliche, ist das Fleischliche, ist der Mensch.

Vom Kopf des Menschen her, von seinen Eingaben in das Gehirn gegen das Leben, entstanden diese Hüllen. Zuerst speicherte und speichert der Mensch sein Ober- und Unterbewusstsein. Was er im Gehirn gespeichert hat, überträgt sich allmählich auf den gesamten Körper. Die Speicherung geht in die Zellstruktur ein und prägt sämtliche Funktionen des menschlichen Körpers. Auch die geistige Partikelstruktur der Seele nimmt diese Eingaben auf. Daraus ergeben sich die energetischen Hüllen, welche die unmittelbare Ausstrahlung des Menschen sind. Dementsprechend ist dann auch sein Verhalten.

Wie schon erwähnt, speichert der Mensch seine persönlichen Eingaben auch in den entsprechenden Gestirnen des materiellen Kosmos und des immateriellen Kosmos, der Reinigungsebenen. Diese menschlichen Anlagen sind persönlicher Art. Sie haben keinen Zugang zur All-Kommunikation, die unpersönlich, gleich gesetzmäßig ist.

Aufgrund dessen führt der Ego-Typ – der eine mehr, der andere weniger – ein isoliertes Dasein, wodurch er den Bezug zu seinen Mitmenschen, zur Natur und den Tieren verlor. Den persönlichen Kreislauf können wir mit einem Spinnennetz vergleichen. Die Spinne fängt eine Fliege in ihrem Netz. Der Mensch hat sich selbst gleichsam ein „Spinnennetz" geschaffen und sich auch selbst darin verfangen. Das führte dazu, dass das Gefühl und das Gewissen eines solchen Menschen abgestumpft ist. Er hat eventuell nur Kontakt zu Gleichdenkenden; alles andere, das, was nicht zu seinem engen, ichbezogenen Gefühls- und Gedankenkreislauf passt, lehnt er ab.

Menschen ohne wahres Lebensgefühl und Gewissen denken und handeln wie Roboter. Mit ihren Verhaltensweisen machen sie vielfach alles nieder, was für sie nicht gewinnbringend ist. Sie nehmen weder Rücksicht auf das Leben ihrer Mitmenschen, geschweige denn auf das Leben der Natur und Tiere und auf die Mutter Erde.

Wie gesagt, ihr Ego-Prinzip lautet: „Ich bin mir selbst der Nächste. Alles diene mir zu meinem Wohlergehen."

Ob darunter Natur und Tiere leiden, das kümmert sie nicht. Für sie ist alles nur eine Sache, womöglich ohne Leben. Alles, und sei es das Leben der Tiere und der Natur, soll nur ihnen Nutzen bringen.

Ich wiederhole: Menschen, die rücksichtslos ihren persönlichen Kreislauf pflegen, haben sich von der All-Kommunikation getrennt. Sie werden vom Wesenskern in ihrer Seele nur erhalten. Die Gefühlsarmut führt zu einem monsterartigen Verhalten, das zerstört und tötet um seiner selbst willen. Solchen Menschentypen ist die Mutter Erde mit ihren vielfältigen Pflanzenarten, mit ihren Tieren und Mineralien ausgesetzt.

Mit einer noch nie dagewesenen Deutlichkeit erbringt die derzeitige Generation von Menschen den Beweis, dass nur das Reden über den Schutz der Artenvielfalt und den Schutz der Tierwelt nichts bringt. Auch wenn so mancher sogenannte Naturfreund von der Schönheit der Natur berichtet und von der Tierwelt, z.B. von ihrer vielfältigen Farbenpracht und der Zeichnung ihres Feder- oder Haarkleides, bringt das nichts. Allein das Wort des Menschen bringt wenig, wenn es nicht getragen ist von der Sorge und Hilfe für unsere Übernächsten, unsere Naturgeschwister, die Bäume, Sträucher, Gräser, Blumen und Tiere. Wenn wir von den Naturreichen sprechen, dürfen wir die Mineralien nicht vergessen, auch nicht die Elementarkräfte, die Erde, das Wasser, den Wind, das Feuer, auch die Sonne und die weiteren Gestirne – alles gehört zur All-Einheit, Liebe und Weisheit Gottes, der auch der Geist der Natur und der Elemente ist.

Hand aufs Herz: Wie oft gingen oder gehen wir durch den Wald, über Wiesen oder einen schön geschwungenen Feldweg entlang und dachten oder sagten sinngemäß: „Wie schön ist es im Wald, in der Natur! Die Ruhe tut gut. Das Singen, Zwitschern und Jubilieren der Vögel ist eine Wohltat für das Gemüt." Oder wir staunen über die mächtigen, alten Bäume, die Wind, Sturm, Kälte und Hitze über sich ergehen lassen und trotzdem wachsen und die Früchte ihrer Art bringen.

Oder wir sehen Rehe, die behend über Grasbüschel oder kleine Bäume springen, oder Hasen, Füchse, Wildschweine oder die flinken, zierlichen Eichhörnchen, deren Haarkleid im Element Feuer, in der Sonne, wunderbar leuchtet.

Wir denken und sagen, wie schön und wohltuend das alles ist. Was jedoch schleppen *wir* mit in den Wald, über die Wiesen und auf den Wegen durch die Felder? Letztlich unsere Sorgen und Probleme, unsere graue Ausstrahlung, die wir mit schönen Worten, z.B. wie schön und wohltuend das alles ist, versilbern. Haben wir unseren Spaziergang beendet, dann denken oder sagen wir, wie schön und erholsam der Spaziergang war. Vielleicht sprechen wir am anderen Morgen noch einmal darüber, dann, wenn wir uns darüber unterhalten, wie wir unseren Sonntag verbracht haben. Wenig später erinnern wir uns kaum mehr daran, weil wir uns wieder mit uns selbst beschäftigen, mit dem, was wir auch während des Spaziergangs mitgetragen haben: unser graues, oftmals düsteres Ego-Selbst.

Vielleicht sehen und hören wir im Fernsehen oder lesen in der Tageszeitung, wie Tiere, die im Grunde auch Wesen der Freiheit sind, in Ställen gehalten werden, wie Tiere für die Fleischproduktion gezüchtet werden, was Tiere zu essen bekommen, wie sie in Tiertransporten gehalten werden, wie sie in Schlachthöfen behandelt, getötet und zerstückelt werden oder wie sie bei Tierversuchen misshandelt und gequält ihr Dasein fristen müssen, bis der erlösende Tod eintritt. Eventuell sagen wir dann: „Das ist ja furchtbar!"

Vieles sehen, hören und lesen wir. Wie verhalten wir uns? Zum einen denken und sagen wir: „Wie schön ist die Natur, sie hat uns viel gegeben" – zum anderen denken und sagen wir: „Wie schrecklich!" angesichts des Leidens der Tiere, das uns im Fernsehen oder in Presseberichten vor Augen geführt wird. Meist bleibt es bei solchen und ähnlichen Kommentaren. Wer denkt schon darüber nach, was er bei sich an ähnlichem Fehlverhalten finden kann, um davon dann auch einiges zu ändern?

Vielleicht haben wir so manch guten Ratschlag auf unseren Lippen, wie es die anderen halten sollten. Und wie halten wir es?

Haben wir zum Vögelchen Kommunikation, das im Frühjahr sein Nest ausbaut für seine Jungen, das seine Freude im Gesang und Jubel ausdrückt, der dem Schöpfer gebührt?

Vernehmen wir tief in unserer Seele aus dem unbelastbaren Wesenskern die Sprache des Schöpfers über die Vogelwelt?

Vernehmen wir die Sprache des Schöpfers durch die mächtigen alten Bäume, durch Sträucher und Blumen?

Vernehmen wir tief in unserer Seele, was Fuchs, Reh, Hase, Wildschwein oder das zierliche Eichhörnchen uns übermitteln?

Vernehmen wir den All-Geist, das Leben, im Stein?

Vernehmen wir die Sprache des Windes, des Feuers, des Wassers und der Mutter Erde?

Erfassen wir, was ein Sonnenstrahl uns sagen möchte?

Vernehmen wir das Klagen der ihrer Freiheit beraubten, geknechteten Tiere in den Tiertransporten und in den Tierversuchsanstalten?

Fühlen wir, wie es den Tieren in den Bauernhöfen ergeht, die ich als Produktionsstätten für die Schlachtbänke bezeichne – Tiere, die künstlich gezeugt wurden, um sie dann für den Eigennutz zu töten?

Vernehmen und fühlen wir die Schreie und Ängste der Tiere in den Schlachthöfen, die für das Tierkadavermahl, für den Menschen und seine Gelüste hingemetzelt werden?

Eines Tages werden unzählige Seelen oder Menschen vor dem Richter, dem Gesetz von Saat und Ernte, folgende Fragen beantworten müssen: Wer gab euch die Kompetenz, Leben künstlich zu schaffen und Lebewesen mutwillig zu töten? Wer gab euch das Recht, das Leben zu missachten, auf dass es euch wohlergehe?

Wenn wir allein über das nachdenken, was hier nur kurz erwähnt ist, geschweige denn über das, was durch Menschen an Tierquälerei noch alles geschieht, dann kann das mit einem Satz ausgedrückt werden: Das Monster Mensch hat kein Gefühl und kein Gewissen mehr; es wird immer brutaler und erfinderischer, wenn es darum geht, Lebewesen und Lebensformen der Natur zu zerstören. Dabei merkt es nicht, dass es sich selbst zerstört. Weil es so ist, wie es ist, kann mit Fug und Recht allgemein gesagt werden: Der Mensch besteht in seinem Denken und Verhalten nur aus sich selbst. Der unbelastbare Wesenskern tief in der Seele jedes Menschen ist umhüllt von den Zuwiderhandlungen gegen das Leben.

Wer noch ein Gefühl und ein Gewissen hat, wird sich umorientieren; er wird es nicht mehr bei schönen Worten über den Spaziergang in der Natur belassen und sich nicht mehr mit den Worten „wie schrecklich!“ begnügen, wenn er sieht, hört und liest, wie es seinen kleinen Geschwistern, den Tieren, ergeht, oder wenn die Brüder Bäume im Saft abgeholzt oder ganze Wälder durch Feuersbrunst ausgerottet werden.

Wie gelangen wir wieder zur All-Kommunikation? Wie erleben wir den All-Geist, das Leben, das aus unzähligen Bewusstseinsgraden der Natur, aus Pflanzen, Tieren und Mineralreichen zu uns spricht? Was ist zu tun, um wieder in die All-Kommunikation, in das Leben, einzumünden, um Leben zu schützen, zu bewahren und um eins zu werden mit dem Leben?

Wir können lernen und üben, unser wahres Selbst zu finden, die All-Kommunikation, das Leben, und seine Bewusstseinssprache. Wir sollten uns abgewöhnen, das Wort „wollen“ oder „wir sollten“ als Ausrede und Vorwand zu nehmen, als Entschuldigung, der die Tat nicht folgt. Vor dem Gesetz von Saat und Ernte gibt es keine Entschuldigung, wenn wir wissen, wie wir uns als Söhne und Töchter Gottes verhalten sollten.

Die Auswüchse unserer Generation einschließlich deren Folgen zeigen, dass Gott sich uns nicht anpasst. Wir müssen uns ändern, um Ihm näherzukommen. Wir müssen den ersten Schritt hin zur All-Kommunikation tun, dann kommt uns der Ewige entgegen.

Der erste Schritt hin zur All-Kommunikation heißt: jeden Tag, der ein Aspekt unseres Erdenlebens ist, zu nützen, um von unseren seelischen und physischen Belastungen frei zu werden. Das geschieht durch das Erforschen und Hinterfragen unserer pessimistischen, abwertenden, also gegensätzlichen Gedanken, unseres undisziplinierten und unqualifizierten Redens, womit wir uns nur selbst aufwerten wollen, durch die Frage an uns selbst, ob wir mit unseren Gedanken bei der Arbeit sind, oder wohin diese ziehen, oder was sich in unserer Gefühlswelt tummelt und vieles mehr.

Wir müssen lernen, unser Erdenleben in die Hand zu nehmen, das sich Tag für Tag zeigt durch unsere Gefühle, Gedanken, Worte und Handlungen, auch durch unsere Selbstgespräche, unsere Monologe, die gedanklichen Auseinandersetzungen mit unserem Nächsten, die nichts anderes sind als der Kampf unseres Egos gegen ihn.

Jeden Tag erleben wir Aspekte unserer persönlichen Eingaben, wir erleben uns selbst. Durch das Hinterfragen all dessen, was uns beschäftigt – das meist in Selbstgesprächen und Anklagen anderer abläuft –, erfahren wir einen Teil unserer Eingaben, die eine Offenbarung unseres menschlichen Selbst sind.

Der zweite Schritt heißt, das Belastende mit der Kraft des Geistes Gottes in uns zu bereinigen.

Als dritten und wesentlichen Schritt gilt es nun, Gleiches nicht mehr zu denken und zu tun, also uns selbst die Zügel anzulegen.

Der vierte Schritt besteht darin, aus dem von uns bearbeiteten Gegensätzlichen eine göttliche Gesetzmäßigkeit herauszuarbeiten, wobei uns die Gebote Gottes und die Bergpredigt Jesu helfen. Diese von uns erarbeiteten göttlichen Gesetzmäßigkeiten sollten wir uns immer wieder bewusst machen, sie zur Erinnerung aufnotieren und die Notiz an einen Platz legen, an dem wir uns öfter aufhalten.

Erst wenn die Gesetzmäßigkeit des Lebens von unseren Gehirnzellen aufgenommen wurde, erfüllen wir sie wie selbstverständlich, weil die von uns erfüllte Gesetzmäßigkeit bzw. erfüllten Gesetzmäßigkeiten des Lebens im Bewusstsein jeder Körperzelle Raum gewonnen haben, somit unseren Körper prägen und auch in unsere Seele eingehen. Das heißt, dunkle Schatten, die einst unseren Körper und unsere Seele verpolten und belasteten, wurden vom Geist Gottes in Licht und Kraft umgewandelt. Dann ziehen Licht und Kraft in unsere Seele und in unseren Leib ein. Das bedeutet auch, dass unsere Hüllen, die den unbelastbaren Wesenskern umschließen, lichter werden. Auch unsere Körperstruktur, die materielle Schwingung ist, wird feiner und unser Wesen ausgewogener.

Die nächsten Schritte sind die Verinnerlichung, um Ruhe zu erlangen. Daraus ergibt sich der Weitblick und Einblick in die Dinge des Lebens und die tiefe Wahrnehmung in der Betrachtung dessen, was um uns ist.

Machen wir uns bewusst: Um in die All-Kommunikation zu gelangen, müssen wir bewusster leben, um positive Energien sammeln zu können, die wir für die tiefe Betrachtung dessen einsetzen, was um uns ist, z.B. um die Pflanzen, die Tiere und die Mineralien zu erleben, um selbst die Erfahrung zu gewinnen, dass alles lebt und empfindet, ähnlich wie wir.

Leben ist also All-Kommunikation.

Lieben lernen, Freiheit gewinnen, glücklich sein

Aus einer Lehrstunde von Gabriele am 14. September 1997

Lerne zu lieben – das sind drei Worte: Lerne zu lieben. In diesen Worten liegt der ganze Weg, den jeder von uns zu gehen hat, um Schritt für Schritt unser göttliches Erbe wieder zu erwerben, das ja die Liebe Gottes ist. Denken wir an das Hauptgebot: *„Liebe Gott von ganzem Herzen. Liebe Gott mit deiner ganzen Seele, mit all deinen Kräften, und deinen Nächsten wie dich selbst!"*

Drei Aspekte der Liebe: Liebe Gott, deinen Nächsten und dich selbst.

Viele sagen, es sei ein schwieriger Weg, Gott mit allen Kräften zu lieben und auch noch unseren Nächsten so, wie wir uns lieben. Wie wir uns lieben, das sind nur die Schritte zur Liebe, jedoch noch nicht unser göttliches Erbe, der Strom der Liebe, in dem sich alle reinen Wesen bewegen.

Nun die Frage an uns alle: Wie lieben wir uns? Denn es heißt ja, wir sollten unseren Nächsten lieben, wie wir uns lieben. Oftmals kommt eine traurige Analyse. Wir lieben uns dahingehend, dass wir uns selten in Frage stellen, ob das, was wir denken, reden und tun, der Liebe Gottes entspricht. Für uns ist unser Denken, Reden und Handeln „objektiv“, das sind wir, das ist jeder selbst.

So mancher wird vielleicht sagen: „Ich liebe mich nicht. Das trifft auf mich nicht zu.“ Aber fragen wir uns: Wie ist es, wenn einer unserer Mitmenschen uns charakterisiert oder vielleicht auch kritisiert mit den Worten: „Ich missachte dich, du verstehst deinen Beruf, dein Handwerk nicht. Du bist kein gesellschaftsfähiger Mensch, du bist unmoralisch“, oder gar, wenn er uns auf den Kopf zusagt: „Du bist schlecht!“ Wie geht es uns dabei? Wie reagieren wir? Bleiben wir ruhig, in der inneren Festigkeit, dass wir in der Liebe Gottes ruhen, die nicht nur tragfähig ist, sondern einfach *ist*? Oder erinnern wir uns an bestimmte Situationen, begehren wir auf, weil wir uns nicht so sehen, wie uns der andere sieht? Was kommt dann?

Wenn wir aufbegehren, dann müssen wir sagen: Wir lieben unser Ego, wir lieben uns mehr, als wir den lieben, der uns eventuell charakterisiert hat, der uns damit vielleicht sogar helfen wollte. Wir lieben uns also mehr. Unser Nächster wühlte nur unsere Eigenliebe auf, also unsere selbstgefällige Liebe, die wir behalten wollten.

Und was geschieht dann, wenn wir so reagieren? Wir richten die Pfeile auf unseren Nächsten, weil er sich anmaßt, uns zu charakterisieren – sprich: „kritisieren“ –, und müssen gestehen, dass unsere Eigenliebe die „Angriffe“ nicht duldet. Warum? Weil wir uns besser und klüger dünken. Das heißt, wir lieben uns mehr als den, der uns charakterisiert hat. Ist das die wahre Liebe?

Aus uns heraus müssen wir also lernen, wieder liebefähig zu werden. Wo beginnt es? – Beim Verzeihen, beim Vergeben, beim Kreislauf der Bereinigung.

Es ist eigentlich traurig, wenn wir von der Gottes- und Nächstenliebe sprechen müssen, da wir doch alle Kinder der einen Liebe sind, Kinder des ewigen Vaters, der uns im Herzen, in Seinem großen Ur-Herzen schaute und aus Seinem großen Ur-Herzen der Liebe heraus geboren hat als Wesen der Liebe.

Viele Menschen sprechen von der Liebe, und es ist nichts anderes als die Sehnsucht nach der Liebe, die Sehnsucht nach der Geborgenheit. Woher kommt die Sehnsucht nach der Liebe, nach der Geborgenheit? Letztlich aus dem Urgrund unserer Seele, denn im Urgrund unserer Seele sind wir die Wesen der Liebe. Im Urgrund unserer Seele ist die große Liebe Gott – die Liebe, die unermüdlich an unsere Seele pocht und an die Pforte, die zum Oberbewusstsein des Menschen führt.

Dieses Pochen unseres innersten Wesens, das Pochen Gottes an die Pforte unseres Oberbewusstseins, definieren wir als Sehnsucht nach der Liebe, als Sehnsucht nach der Geborgenheit. Bekommen wir sie nicht, dann nennen wir unseren Nächsten lieblos und werten ihn unter Umständen ab, weil er uns nicht gibt, wonach wir uns sehnen. Bekommen wir einen Hauch allzumenschlicher Liebe von unserem Nächsten, dann sind wir kurze Zeit glücklich. Doch schwindet der Hauch dieser menschlichen Liebe, dann sehnen wir uns weiter nach Liebe. Dabei haben wir uns mehr und mehr verschattet, weil wir ständig erwarten, dass uns jemand die Liebe gibt, nach der wir uns sehnen – und die letztlich tief in unserer Seele ist. Dann beginnen wir, gegen unseren Nächsten zu handeln. Wir werten ihn ab, wir erwarten von ihm, was er uns letztlich auch nicht geben kann, da er sich ähnlich verschattet hat wie wir selbst. Denn auch er sucht nach Liebe. Beide suchen nach Liebe. Alle suchen nach Liebe, und kein Mensch kann uns die Liebe geben. – Warum? Weil jeder sucht.

Wir haben uns angewöhnt, uns an den Nächsten anzulehnen, um vielleicht doch ein Fünkchen Liebe zu erheischen. Wir haben uns angewöhnt, von unserem Nächsten zu fordern. Und so mancher kann unsere Forderungen gar nicht erfüllen, weil er das nicht geben kann, wonach wir verlangen. Dadurch wurden wir Menschen immer eigensüchtiger. Das Wort „eigensüchtig“ trägt ja die „Sucht“ in sich, die Sucht nach Liebe, die Sucht nach Geborgenheit. Diese Sucht sucht immer beim Nächsten das zu erheischen, was sie selbst nicht hat. Dadurch wurde der Körper des Einzelnen immer schwerer – schwer durch die vielen sündhaften, also gegensätzlichen Gedanken. Wir verloren die Haltung vor unserem wahren Wesen, das Liebe ist. Wir Menschen verloren die Haltung vor Gott, unserem ewigen Vater, und vor Christus, unserem Erlöser. Und doch sehnen wir uns nach Liebe.

Wir verzweifeln an Gott, weil Er uns nicht gibt, was wir wollen. – Ja, was wollen wir denn? Die heruntertransformierte Liebe, die Eigenliebe. Doch Er kann sie uns gar nicht geben, weil Er sie nicht hat.

Wir verlangen von Gott, dass Er uns unsere sündhafte Freiheit schenkt, dass Er uns hilft, vom Nächsten Abstand zu nehmen, ihn zu verwerfen. Das kann Er nicht, weil Er das nicht hat.

Wir verlangen von Ihm, dass Er uns einen Menschen zuführt, der uns liebt – so liebt, wie wir es wollen. Das kann Er nicht, weil Er keine eigennützige Liebe hat.

Also machen wir Gott vielfach Vorwürfe, dass Er uns das nicht gibt, was wir wollen. Er kann es uns nicht geben, weil Er kein Sünder ist, sondern die große, ewige Liebe. Und die ewige Liebe verlässt uns nie! – Warum? Weil wir als reine Wesen in Seinem Ur-Herzen sind, ewiglich. So ruft und pocht Er an die Pforte zum Oberbewusstsein – und wir Menschen verstehen Ihn nicht, weil wir uns belastet haben. Wir haben uns abgewendet von unserem Ursprung, von der Liebe. Wir haben unser göttliches Erbe heruntertransformiert in unser Ego-Erbe, nämlich in unsere Gedankenwelt. Und diese unsere sündhaften Gedanken, diese unsere sündhaften Worte und Handlungen sind unser persönliches Erbe, das unser Ego ist. Das lieben wir, und aus dem heraus wollen wir geliebt werden.

Was heißt eigentlich „Lieben lernen"? – Es heißt, zuerst an uns selbst zu lernen. Alles, was uns aufwühlt, sagt uns, dass wir daran lernen können, denn es wühlt nur einen Teil unserer persönlichen sündhaften Eingaben auf, es ist unsere egoistische Liebe.

Das heißt also, wir lieben uns mehr als wir unseren Nächsten lieben, geschweige erst Gott, denn in dem Augenblick, in dem sich unser Ego aufbäumt, richten wir uns gegen unseren Nächsten und verwerfen ihn. Dadurch wurde der menschliche Körper immer schwerer. Wir wurden nachlässiger, haben also, wie gesagt, die Haltung gegenüber unserem wahren Wesen und Gott verloren.

„Lieben lernen" heißt also erst einmal: Schau dich an! Die Nachlässigkeit zeigt sich an unserem Körperverhalten. Glauben wir, dass wir als reine Wesen vor Gottes Angesicht eine Haltung annehmen wie folgt: Wir kreuzen die Arme vor Gott. Wir schlagen die Beine übereinander vor Gott. Wir stützen unseren Kopf auf unsere Handfläche. Wir essen und schaufeln die Nahrung hinein, die Gott uns geschenkt hat. Das sind alles Zeichen unserer eigenen Eingaben.

Würde Gott so vor uns sitzen, würde Gott diese Haltung vor uns einnehmen? Was würden wir sagen? Es sind viele kleine Gegebenheiten, aus denen wir lernen können.

Oder stellen wir uns vor: Gott sitzt bei uns zu Tisch, stützt den Ellbogen auf den Tisch, legt den Kopf in die Handfläche und futtert hinein. – Dann würden wir doch sagen: „Unmöglich! Das soll Gott sein?“ – Aber wir leisten es uns. Und warum? Weil wir nicht gelernt haben, uns zu hinterfragen: Was macht uns so schwer, dass wir diese Haltung haben? Allein schon, wenn wir in diese Körperhaltung gehen, müssten wir sofort sagen: „Achtung! Warum habe ich nun diese Haltung?“

Daran erkennen wir sofort, dass in uns bestimmte Gedanken ablaufen, gegensätzliche Gedanken, schwere Gedanken, die uns in diese Haltung drängen. Es sind Gedanken gegen die Symphonie, die Leichtigkeit der unendlichen Liebe, also Gedanken gegen die Liebe.

Allein anhand unserer Körperhaltung könnten wir lernen, an uns selbst lernen, wer wir sind, womit wir uns von der Liebe Gottes abgewendet haben. Wir sehen unter Umständen Bilder und sehen uns in diesen Bildern, denn wir speichern ja bildhaft. Und dann gilt die Frage: „Ja, was habe ich in meine Gedanken, in mein Wollen hineingelegt?“

Meist ist es eine Erwartung. Wir erwarten etwas von unserem Nächsten – und gibt er es uns nicht, dann lehnen wir ihn ab und verschränken z.B. die Arme.

Auch das ist ein Zeichen, dass wir unseren Nächsten ablehnen und uns mehr lieben, als wir das Innerste, das Reine in unserem Nächsten lieben, das ja auch in uns ist. All diese äußeren Haltungen können uns helfen, zu lernen – zu lernen, was uns von der Liebe, von unserem göttlichen Erbe trennt.

Sind wir bereit zu lernen, dann erkennen wir mit der Zeit, dass wir uns an unsere Mitmenschen anlehnen. Warum lehnen wir uns an sie an, das heißt, dass wir von ihnen dies und jenes erwarten, was wir letztlich selbst tun könnten? Weil unsere geistige Energie, die Liebeenergie, immer schwächer wird. Wir werden träge. Und die Trägheit hat wiederum Auswirkungen auf unseren Körper. Die Auswirkungen sind unterschiedliche Haltungen unseres physischen Leibes. Wir kennen sie alle, und jeder hat seine Eigenheiten. Doch diese Eigenheiten sind immer Ausdruck unserer Fehlhaltungen und somit Ausdruck unserer Eigenliebe.

Erst wenn wir lernen, uns an unseren Nächsten nicht mehr anzulehnen, indem wir von ihm erwarten, was wir selbst tun könnten, und wenn wir für unseren Nächsten das tun, was wir von ihm erwarten, gewinnen wir Achtung vor uns selbst. Die Achtung vor uns selbst heißt, dass sich unser

Körper allmählich aufrichtet, die Nachlässigkeit nimmt ab, und wir gewinnen dann auch allmählich Achtung vor unserem Nächsten. Denn was wir bei uns an unseren Fehlverhalten erkennen und mit der Hilfe des Christus-Gottes-Geistes bereinigen und nicht mehr tun, weitet unser Bewusstsein, und wir spüren unseren Nächsten mehr und mehr. Wir erleben die positiven Seiten unseres Nächsten dann in unserem Herzen, in unserem geistigen Bewusstsein, das sich mehr und mehr erschließt, weil wir unser Sündhaftes bereinigen, also unseren Balken in unserem Auge mit Christus beheben. Dann finden wir plötzlich Zugang zu unserem Nächsten. Wir verändern uns. Unsere Gedanken werden lichter, unsere Worte geistig inhaltsreicher. Wir lernen wiederum an unserem Nächsten, denn wir lernen, ihn zu verstehen. Und so finden wir zu unserem Nächsten, auch dann, wenn er uns ablehnt. Wir finden Zugang zu seinem Inneren, weil wir von ihm nichts mehr erwarten, sondern selbst das tun, was wir tun können.

Aus dieser inneren Haltung heraus lernen wir das Bitten, indem wir unseren Nächsten dann um Hilfe bitten für das, was wir nicht tun können, sei es im Beruf, sei es in der Familie – wir vergeben uns nichts, wenn wir bitten, dass uns unser Nächster hilft, dort, wo wir Hilfe benötigen.

Dadurch werden wir frei. Wir stehen mehr und mehr in dem Bewusstsein, dass Gott uns beisteht. Wir stehen mehr und mehr in diesem Liebestrom, der unser göttliches Erbe ist. Die Folge ist, dass wir glücklich werden. Aus dieser Freiheit, die in Gott ist, entströmt das Glücklichsein. Das Glücklichsein ist nicht nur das Wissen, dass Gott Liebe ist, sondern es ist das Strömen der Liebe durch die Seele und durch den Menschen. Das ist die Antwort Gottes, die Antwort der Liebe. Und wir sind glücklich, weil wir in der Liebe leben, weil wir mit unseren Gedanken, mit unseren Gefühlen, mit unseren Worten und Handlungen wieder heimgefunden haben, heim zu unserem wahren Wesen, heim zur Liebe. Liebe durchströmt dann unsere Gedanken. Liebe durchströmt unsere Worte. Liebe durchströmt unsere Handlungen. Und wir sind gleich einer Kelle, die aus der Liebe, aus dem Strom schöpft.

„Lieben lernen" heißt also, bei uns selbst zu beginnen. Kleine Dinge, wie äußeres Verhalten, helfen uns, zu erkennen, was unsere Eigenliebe ist, was wir uns angelernt und angewöhnt haben, das gleich Gottferne bedeutet.

Zur Eigenliebe gehört, wie gesagt, die Angewohnheit, an unseren Nächsten Erwartungen zu stellen. Wir sind meist in der Erwartungshaltung, dass unser Nächster für uns dies oder jenes tut. Wir erwarten immer etwas. Wenn wir einen unserer Mitmenschen sehen, dann kommen Gedanken.

Und letztlich erwarten wir auch etwas von dem, den wir sehen und kennen; auch, wenn wir ihn in Gedanken abwerten, erwarten wir etwas. Wir sind ständig in Erwartungshaltung. Das alles will uns etwas sagen.

Wenn wir auf unseren Nächsten zugehen, erwarten wir etwas. Wenn wir von unserem Nächsten Abstand nehmen, erwarten wir von einem anderen etwas. Das alles und vieles mehr sagt uns, dass wir nicht zu Gott stehen, sondern zu unserem Ego. Und das alles hilft uns, uns zu hinterfragen.

Haben wir lieben gelernt, dann erwarten wir nichts mehr, dann werden wir vielfach unserem Nächsten das tun, was er von uns erwartet, doch auch nur so viel, wie wir ihm geben können, auf dass er sich in seiner Erwartung erkennt – aber ohne Worte, sondern durch Erkennen, durch Selbsterfahrung.

Erkennen wir uns also erst einmal selbst in unseren Erwartungen. Wir erwarten von unserem Nächsten, dass er uns dies oder jenes richtet – obwohl wir wissen, dass wir Zeit hätten, das selbst zu erledigen, sei es im Beruf, sei es zu Hause, in der Familie; oft sind es Kleinigkeiten. Der Mann erwartet z.B. von der Frau, dass sie pünktlich dies und jenes tut. Die Frau erwartet vom Mann, dass er pünktlich zu Hause ist, und vieles mehr. Diese Erwartungshaltung besagt, dass wir nicht mit unserem Nächsten sind. Denn sind wir für und mit unserem Nächsten, dann wird eine Absprache stattfinden, und wir wissen, wann der Mann nach Hause kommt, ob die Frau heute pünktlich dies oder jenes erledigen kann. Es gibt viele, viele kleine Dinge, die einer Absprache bedürfen. Doch man tut es nur, wenn man wirklich liebt, sonst ist alles nur Erwartung.

In den Aspekten, in denen wir unser Allzumenschliches, unser Sündhaftes erkannt und bereinigt haben, weitet sich unser geistiges Bewusstsein. Und aus dieser eigenen Erfahrung der Bereinigung können wir dann einen Aspekt der Liebe geben. Das Bewusstsein erweitert sich also durch die Bereinigung unseres Sündhaften, und so, wie wir bereinigen, so können wir auch aus der Liebe schöpfen und geben. Das heißt nicht, dass wir erst vollkommen rein werden müssen, um geben zu können – nein: Aus der eigenen Erfahrung können wir schöpfen und geben. Doch je mehr wir an Sündhaftem bereinigen, umso größer wird die Gottes- und Nächstenliebe in uns. Ein Zeichen dafür, dass wir der Liebe nähergekommen sind, ist, dass wir um vieles glücklicher sind, wenn es dem anderen besser geht als uns selbst.

Dann stellt sich die Frage: Habe ich meinen Nächsten aus meinem Herzen glücklich gemacht? Habe ich meinen Nächsten um einige Fünkchen glücklicher gemacht? – Denn wenn es meinem Nächsten besser geht als mir, sollte ich glücklich sein. Das sind die Funken oder die Schritte hin zur Liebe, die nichts erwartet, die gibt, weil sie alles besitzt.

Auf die Frage, wie wir es vermeiden können, bildlich gesprochen, „die Pfeile auf unsere Nächsten zu richten", erklärte Gabriele:

Mit den Eingaben aus unserer Vergangenheit reagieren wir in der Gegenwart – denn wir können nur mit unseren Eingaben reagieren. Unsere Entsprechungen, unser Ego, das aufgewühlt ist, sagt uns, was wir eingegeben haben. Das ist ein Teil unseres Sündhaften.

Bereinigen wir es mit der Hilfe des Christus Gottes, und tun wir es nicht mehr – tun wir es ganz bewusst nicht mehr –, dann räumen wir aus unserem Gefäß, aus Mensch und Seele das Negative heraus, und die Gottes- und Nächstenliebe kann intensiver strömen und uns helfen und beistehen.

Wir sollten also erst bei uns nachsehen: Was liegt bei uns zugrunde? Warum ist unser Ego aufgewühlt? – Bereinigen wir unser Ego und nehmen wir uns fest vor, es nicht mehr zu tun, ja, schreiben wir uns sogar die positiven Seiten auf, die Gesetzmäßigkeiten, wenn Ähnliches kommt, dass wir uns dann gleich wieder an die Gesetzmäßigkeiten, an Gottes Liebe festhalten, dann werden wir sensitiver, dann hört dieses Lernen allmählich auf. Wir haben dann einen Seismographen geschaffen, der im Unterbewusstsein und im Oberbewusstsein, aber auch in unserer Seele ist, der sofort sagt: „Halt, schau bei dir nach!" Der Seismograph, der aktiviert wurde – es ist ein Aspekt des Göttlichen in uns –, mahnt uns sofort und sagt: „Hier liegst du falsch! Hier bist du gegen das Gebot, gegen die Liebe!" Und so wir es bereinigen und nicht mehr tun, wird der Seismograph immer größer, wir werden sensitiver für die göttlichen Impulse. Das ist das Ausräumen des Egos, so dass das große, mächtige *Ich Bin*, die Liebe, unser wahres Wesen, das Innerste, mehr und mehr zum Durchbruch kommt. Dann werden wir frei, standhaft in Gott und glücklich, denn wer heimgefunden hat, in sich heimgefunden hat, der ist glücklich, weil er geborgen ist in Gott.

Wir sprechen jetzt immer von uns Menschen. Doch bedenken wir auch:

Allein, wer ein Tier als Sache wertet und ihm seine Liebe und Hilfe vorenthält, der ist gegen Gott und gegen sich selbst. Um wie viel mehr wirkt es sich in uns aus, wenn wir gegen Menschen sind? Und wie ist es mit der gesamten Natur, die wir Menschen quälen und malträtieren? Hier sind wir gegen Gott und gegen uns selbst.

Oder wie oft verwehren wir unserem Nächsten die Hilfe, weil wir nicht in der Gegenwart leben, weil wir ständig über unsere Vergangenheit nachbrüten und sie dadurch nur noch mehr verstärken? Denn mit all diesen Eingaben, mit denen wir uns beschäftigen, die unsere Vergangenheit sind, reagieren wir in der Gegenwart. Jeder von uns muss irgendwann lernen, im Heute zu leben, nicht in dem, was gestern war. Das Gestern, die Vergangenheit, kommt schrittweise in unsere Gegenwart, damit wir sie erkennen und mit der Hilfe des Christus Gottes bereinigen und nicht mehr tun. Erst wenn wir die Vergangenheit lösen, dann ist das Sündhafte vergangen, es bleibt in der Erinnerung. Doch aus dieser Erinnerung können wir wieder schöpfen, um Göttliches zu geben. Wir werden dann, wenn wir unsere Vergangenheit aufarbeiten, unser Gedächtnis nicht verlieren, ganz im Gegenteil, wir werden bewusster leben.

Denken wir also auch an die Tiere. Denken wir an die Mutter Erde. Wie verhalten wir uns gegenüber unseren Übernächsten, gegenüber den Tieren, der ganzen Natur? Und letztlich: Wie verhalten wir uns gegenüber Gott und gegenüber unserem Nächsten?

Reinkarnation und Wiedergeburt im Geiste

Aus einer Lehrstunde von Gabriele am 15. Januar 1988

Immer wieder wird die Frage gestellt: Woher kamen wir, wohin gehen wir?

Wir kamen vom Ursprung, aus Gott – wir gehen zurück zum Ursprung in Gott. Doch was liegt dazwischen? Inkarnationen – oder nur eine Inkarnation? Wir bestimmen es selbst durch unser Denken, Reden und Handeln. Es heißt: Wie der Baum fällt, so bleibt er liegen. Wenn wir heute hinübergehen, sind wir die Gleichen, die wir im Erdenkleid waren. Wir nehmen Licht und Schatten mit in die jenseitigen Bereiche.

Für viele von uns ist der Tod noch etwas Unheimliches, weil wir nur auf die Materie schauen und nicht Raum und Zeit durchdringen können. Viele glauben, wenn der Leib stirbt, dann ist alles vorbei. Jesus von Nazareth sagte: „Was der Mensch sät, wird er ernten" – Saat und Ernte! Was säen wir, wann säen wir, wohin säen wir, wo ist der Acker, in dem die Frucht aufgeht? Wann geht sie auf? In diesem

Leben oder in den Stätten der Reinigung? Oder kommen wir wieder mit der Saat, und sie geht erst in diesem oder in anderen Leben auf? Darüber sollten wir uns Gedanken machen.

Für uns Menschen ist der Tod etwas Unangenehmes. Der Körper, der einst voller Leben war, liegt plötzlich reglos da – das Leben ist entwichen. Das Reich Gottes sieht das anders. Die Geistwesen sehen unser Erdenkleid als einen Mantel – dem einen ist der Mantel zu eng, er braucht länger, bis er „die Knöpfe aufbringt" und herausschlüpft, der andere kann ihn leichter abstreifen. So ähnlich sieht es das Reich Gottes.

Das heißt also: Die Seele klammert sich an den Leib, deshalb ist der Mantel, der Körper, oftmals zu eng. Sie hängt im Körper, hängt mit allen Fasern im Materiellen, und wenn die Stunde kommt, kann sie nur sehr schwer diesen Leib verlassen. Warum? Weil sie unter Umständen noch viele Belastungen trägt.

Denken wir an einen Fesselballon: Wenn im Korb viel Ballast ist, dann zieht es ihn herunter. Wird der Ballast abgeworfen, dann steigt er hoch. Ähnlich ist es mit unserer Seele. Was wir also heute säen und nicht rechtzeitig bereinigen, geht morgen auf. Die Saat geht in den Acker der Seele, die Seele wird schwer, erdverhaftet, und hängt sich an ihren Körper, weil sie diesen als ihr Leben sieht.

Auf die Frage eines Teilnehmers, warum wir überhaupt Angst vor dem Tod haben, antwortete Gabriele:

Die Angst ist da, weil wir denken: „Was erwartet uns drüben?" Und was kann uns denn drüben erwarten? Doch nur das, was wir hier sind. Uns erwartet drüben nicht mehr und nicht weniger als das, was wir hier sind – und wir sind unser Gedanke, unser Wort und unsere Handlung. Wir sind Rede, Handlung, Gedanke, Empfindung; Leidenschaft oder innerer Frohsinn, selbstlose Liebe, Friede mit dem Nächsten, Harmonie und Glücklichsein. Jeden Tag können wir uns ein Bild machen, wie wir drüben ankommen werden. Wenn wir jetzt unsere Augen schließen und sie für die Materie, für diese Inkarnation, nicht mehr öffnen, dann werden wir als Seele genauso empfinden und denken, wie wir es im Körper getan haben. Je mehr wir erdnah sind, umso näher ist auch die Seele der Materie. Die Seele kommt dann nicht von der Materie los und weiß unter Umständen gar nicht, dass sie den Körper verlassen hat. Sie bleibt unter Menschen und benimmt sich so, wie sie als Mensch im Erdenkleid war.

Das soll uns zum Nachdenken anregen, denn wie rasch säen wir? Wann ist die Ernte? Wir können heute negativ säen, und uns geht es unser ganzes Leben gut – die Saat bleibt im Acker der Seele. Doch immer wieder erinnert uns der Gottesgeist, immer wieder haben wir die Möglichkeit, in diesem Leben vieles gutzumachen. Auch was wir in Vorleben verursacht haben und was noch nicht zur Wirkung gekommen ist, können wir in diesem Leben gutmachen. Wir werden zu Situationen geführt, von denen wir sagen: „Das, was hier geschieht, geht mich nichts an, dazu habe ich keine Beziehung." Weshalb sind wir dann dorthin geführt worden? Weshalb erleben wir eine Situation mit, die den Anschein hat, als würde sie uns nicht betreffen? In diesem Leben hatten wir mit diesem Menschen noch nie etwas zu tun, und jetzt erleben wir eine Situation, Streit, Zank oder andere Dinge hautnah mit.

Wenn wir uns abwenden und sagen: „Es interessiert mich nicht, es geht mich nichts an", dann haben wir eine Chance verpasst. Wir wurden dorthin geführt, um aus der Situation Impulse zu bekommen, damit wir über uns nachdenken. Denn die Gedanken, die kommen, während sich zum Beispiel zwei Menschen streiten, sagen uns, was wir selbst zu bereinigen haben, was in uns liegt. Sind wir wachsam, und bereinigen wir das, was uns aufgrund der Situation in den Sinn kommt, dann müssen wir unter Umständen eine Seelenschuld aus den Vorleben nicht tragen, oder sie wird abgemildert.

Wir haben also jeden Augenblick die Chance, unser Leben umzugestalten, uns neu zu orientieren, uns zu besinnen, was wir in dieser und in jener Situation gedacht haben, was wir also aufgrund unserer Gedanken bereinigen können.

Gottes Liebe und Gnade gibt uns jeden Augenblick die Möglichkeit, herauszufinden aus dem Gesetz von Saat und Ernte, auch Kausalgesetz genannt. Uns ist nicht auferlegt, immer wiederzukommen, immer neue Einverleibungen durchzustehen. Diese Inkarnation gibt uns die Möglichkeit, nicht mehr wiederzukommen, nicht mehr ins Erdenkleid hineingezogen zu werden. Wenn wir tagtäglich diese Möglichkeiten, diese Chancen nützen, dann werden wir allmählich verspüren, was es bedeutet, die Wiedergeburt im Geiste zu erlangen.

Die Wiedergeburt im Geiste Gottes können wir auch schon im Erdenkleid erlangen und verspüren. Wenn unsere Gedanken – gleich welche Situation wir erleben – positiv sind, wenn wir immer und immer wieder das Positive sehen und das Negative nur ansprechen, damit der Nächste zur Erkenntnis findet, wenn wir mit unseren Mitmenschen in Frieden leben, wenn wir gelernt haben, sie zu lieben, einerlei, was sie sagen, was sie tun, wenn wir uns nicht mehr rechtfertigen und unseren Nächsten abwerten, dann spüren wir in uns das Aufblitzen des Gottesgeistes und sind hineingestellt in die Macht und Kraft der unendlichen Gnade und Liebe. Dann erst sind wir von innen her glücklich, weil wir geeint sind mit den kosmischen Kräften.

Dann werden wir uns vor dem sogenannten Tod nicht mehr fürchten – wir schauen uns selbst, das heißt, jeder schaut sich selbst, wer er ist. Schauen wir uns im Lichte der Wahrheit, dann sind wir glücklich und in Gott, und der Tod hat keine Fesseln und keine Schranken mehr. Sind wir jedoch im Menschen nur „als Mensch", das heißt, denken wir, fühlen wir allzu menschlich, negativ, werten wir andere ab, um uns aufzuwerten, verteidigen wir uns, klagen wir an, sind wir gehässig, neidisch, zänkisch usw., dann sehen wir uns auch so – und wir fürchten uns vor dem Tod, weil in uns etwas ist, das spricht: „Lege ab, was du noch bist!" Und das überhören wir allzu gern.

Auf die Frage, warum es eigentlich immer wieder die Reinkarnation gibt und ob sie auch als Gnade für die Seele angesehen werden kann, da sie über den Körper ihre Belastung schneller abtragen kann, antwortete Gabriele:

Ja, das ist richtig. Wir tragen hier z.B. eine Krankheit und tragen damit eine Belastung ab. Durch die Krankheit wissen wir jedoch nicht, was wir verursacht haben. Die Ursache fließt über eine Krankheit aus; wir tragen sie, und wenn wir sie annehmen und uns damit Christus zuwenden, ist sie in der Seele getilgt.

Wenn wir einen Schicksalsschlag annehmen und das, was wir erkannt haben, bereuen und gutmachen, ist in der

Seele einiges aus den Vorleben getilgt. Wir erkennen also, wie gut es ist, dass die Vergangenheit abgedeckt ist. Wäre sie im Erdenkleid offenbar, wäre das Chaos auf dieser Erde noch viel größer.

In den Seelenbereichen werden wir unsere Schuld – wir nennen sie auch Sünde – nicht durch Krankheit abtragen. Dort gibt es keine Krankheit; dort entstehen die Bilder, dort sehen wir genau, was wir verursacht haben, und das bringt Seelenqualen. Wir sehen auch, was unser Nächster uns angetan hat, und dass wir ihm ähnlich zurückgegeben, Ähnliches verursacht haben.

Wenn die Seele nicht inkarnieren kann, gibt es nur die Abtragung, die Erkenntnis, die Erfahrung durch Bilder, durch Bereuen und die Bitte um Vergebung. Dort kann man nicht mehr gutmachen, sondern nur um Vergebung bitten. Die Seele hat die Hilfe der Schutzwesen, sie hat die Hilfe durch das Gebet und auch die Impulse des Göttlichen, denn in jeder Seele ist auch das Göttliche.

Die Seele hat ein wesentlich feineres Empfinden, weil sie den materiellen, schweren Körper abgelegt hat. Wenn die Seele inkarniert ist, empfindet sie mehr über den Organismus; im Seelenreich sind ihre Empfindungen mehr die Beschwerden, das Leid des Nächsten, das sie im Erdenkleid verursacht hat – es ist mehr das Schauen und das Empfinden, der Schmerz des anderen.

Die Erlösung in uns

Aus einer Lehrstunde von Gabriele
am 2. November 2007

Suchen wir letztlich nicht alle Gott? Viele werden sagen: „Ich frage mich, ob Gott existiert.“ Und so mancher sagt: „Ich glaube nicht an Gott.“ …

Hand aufs Herz, liebe Mitmenschen, wir suchen doch alle den Frieden, wir suchen doch alle das Glück, wir suchen alle Harmonie. Alle wollen wir geliebt werden. Und so mancher sagt: „Ja, auf der Erde, in dieser Welt habe ich dies alles nicht gefunden. Ich glaubte es hin und wieder, und es war immer wieder Täuschung.“ Doch Einer täuscht uns nie – es ist wahrlich Gott, unser ewiger, himmlischer Vater. Sein Geist ist in uns. Gott, unser ewiger Vater, sandte Seinen Sohn zu uns, Jesus, den Christus. Er brachte uns die Erlösung. Und so werden viele wieder fragen: „Ja, was heißt Erlösung? Sind wir überhaupt erlöst? Wovon hat Er uns erlöst?“ Und so mancher Kirchenchrist wird sagen: „Ja, von unseren Sünden!“

Nun, wenn Christus all unsere Sünden hinweggenommen hätte und jeden Augenblick hinwegnimmt, dann hätten wir doch eine heile Welt. Doch jeder von uns weiß, dass wir keine heile Welt haben. Warum? Wenn jeder sich selbst betrachtet: Ist er selbst heil? Ist er selbst zufrieden? Ist er im Herzen glücklich? Ist er froh? Ist er friedvoll?

Wenige können das sagen – warum? Weil wir uns als Christen bezeichnen und doch Jahr für Jahr vielfach nur sagen: „Jesus lebt, mit Ihm auch ich – Tod, wo sind da deine Schrecken?"

Worte, Worte, liebe Mitmenschen, doch Jesus sagte: *„Folget Mir nach!"* Und in Seiner Nachfolge heißt es: Tue, was Ich, also Jesus, der Christus, dir geboten habe! – Tun wir das, halten wir tagtäglich mehr Seine Gebote, dann wird das Erlöserlicht in uns immer größer, es wird zur mächtigen Flamme, und wir fühlen, dass diese große, mächtige Flamme in uns die Liebe des ewigen Vaters ist durch den Sohn, durch die erlösende Kraft. Und wir merken mit der Zeit: Wir vertragen uns mit unserem Nächsten. Wir fühlen plötzlich, dann, wenn wir gegen unseren Nächsten sind, dass wir ihn um Vergebung bitten können, dass wir aber auch unseren Mitmenschen vergeben dann, wenn sie gegen uns sind.

Das ist der Beginn der großen Liebe des Kindes zum Vater. Und das ist wahrhaft die Auferstehung des Christus Gottes in uns. Und es ist unsere Auferstehung in Christus. Wenn wir nur sagen, „Jesus lebt, mit Ihm auch ich – Tod, wo sind da deine Schrecken?", so wie es in einem Kirchenlied heißt, so müssen wir zugeben: Das Wort „Tod" erschreckt uns. Warum erschreckt es uns? Weil unsere Gedanken nicht in Gott sind, weil unsere Gedanken sündhaft sind. Doch lassen wir Christus in unseren Gedanken, in unseren Gefühlen und Worten auferstehen, in unseren Handlungen, also Taten, dann fühlen wir, was Jesus in Seinen Abschiedsreden sagte und immer wieder Seinen Aposteln nahebrachte: Liebet euch untereinander so, wie Ich euch geliebt habe. So liebt uns auch Christus, unser Erlöser, so, wie Er es uns als Jesus von Nazareth verheißen hat.

Liebe Brüder, liebe Schwestern, die Liebe zu Gott, unserem Vater, die Liebe zu unserem Nächsten und die Liebe zu der Natur ist die Auferstehung in Christus. Und auf diese Weise kann das Erlöserlicht, also Christus in uns auferstehen, und wir sind geeint mit Ihm. Das ist dann die Frohbotschaft. Das ist dann die Freude, die wir hinaustragen in dem Bewusstsein: „Ja, Christus lebt in mir, Christus ist in meinem Tempel auferstanden. Und Christus lebt durch meine Gedanken, durch meine Worte und Werke. Ich bin in Christus, und Christus ist in mir."

Das ist die Frohbotschaft der Liebe, das ist die Freude, die Christen hinaustragen sollen in alle Welt, das, was wir tagtäglich selbst erleben: Christus in unseren Worten, Christus in unseren Gedanken, Christus, die große Liebe und Barmherzigkeit in uns und durch uns. *„Liebet einander"*, so sprach der Herr, *„so, wie Ich euch geliebt habe"*.

Tun wir das, dass wir wahrhaft Brüder und Schwestern werden, Brüder und Schwestern in Seinem Geiste, die sich untereinander in Seinem Geiste lieben, dann ist Christus in uns auferstanden und wir in Christus, denn dann halten wir Seine Gebote.

Die Gottesliebe ist gleich die Nächstenliebe. Und nur die Gottes- und Nächstenliebe lässt uns das Ego überwinden. Die Gottes- und Nächstenliebe ist sanft und gütig. Sie hilft uns über unser Ego hinweg. Sie hilft uns, das *Ich Bin,* also die Gottes- und Nächstenliebe zu erkennen und zu finden – dann, wenn wir uns die Mühe machen, unser Denken, unser ganzes Verhalten den Zehn Geboten Gottes und der Bergpredigt des Jesus von Nazareth gegenüberzustellen. Dann wissen wir, wo das Ego blüht und was wir zu tun haben, damit das *Ich Bin* erblühen kann.

Wie oft sagte Jesus zu Seinen Aposteln und Jüngern, *„Mein Vater und Ich sind eins"*. Lassen wir kurz die Worte des Herrn auf unser Inneres wirken: *„Mein Vater und Ich sind eins"*.

Aus diesen Worten des Jesus von Nazareth schwingt eine unsagbare Liebe, ein unsagbares Vertrauen Gott, Seinem und unserem Vater gegenüber. Und diese große Liebe war auch die Hingabe für uns Menschen, auf dass die Erlösung vollzogen werden konnte. *„Mein Vater und Ich sind eins"* –

ist das nicht wunderbar, das vom Herzen her sagen zu können? Wir haben sicherlich gleich wieder die Ausrede: „Ja, ich bin Sünder, und solange ich meine Sünden habe, bin ich mit meinem Vater nicht eins."

Drehen wir das Ganze einmal um und sagen es positiv: „Tief in unserer Seele ist das ewig Reine, ist unser wahres *Ich Bin*, ist das, was wir in Gott sind: reine Wesen. Dieses reine Wesen in mir ist eins mit meinem Vater."

Und nun fühlen wir noch tiefer in unser Inneres hinein, lassen wir mal den Menschen, lassen wir mal die Sünden beiseite, sondern sagen wir es positiv, weil das Innerste in uns rein ist: „Mein Vater und ich sind eins." Wenn wir öfter diese Empfindungen hegen und pflegen würden, dass wir im Grunde genommen im Innersten unserer Seele reine Wesen sind, die eins sind mit der großen Liebe, die eins sind mit Gott, unserem Vater, dann würden wir viel rascher unsere erkannten Sünden mit der großen Hilfe und Liebe des Erlösers bereuen, bereinigen und nicht mehr tun, und so die Gebote halten, wie es uns Jesus geboten hat. Er sprach: *„Haltet Meine Gebote!"*

Wir Menschen haben so die Angewohnheit, immer auf das Negative zu blicken und uns immer wieder niederzumachen mit Worten oder Gedanken wie: „Ach, wir sind alle Sünder!" Wenn wir das immer wieder sagen, dann bejahen wir ja, dass wir Sünder sind und sagen uns damit selbst:

„Ja wir können halt nur noch sündigen.“ – Nein, wir müssen uns im Innersten bewusst machen: Wir alle sind Söhne und Töchter der großen Liebe Gottes, und im Innersten sind wir mit Gott geeint. Und diese Einheit mit Gott soll unser Leben durchstrahlen, so dass wir die Tage nützen und uns sagen: „So, hier bricht wieder eine Sünde, eine Belastung auf, meine Gedanken sind keine Auferstehungsgedanken; diese Gedanken, Herr, bereue und bereinige ich mit Dir.“

Haben wir negative Gedanken gegenüber unseren Mitmenschen oder haben wir falsch gehandelt, dann sagen wir: „Christus, hilf mir – meine Handlungsweise, meine Gedanken sollen nun in Dir auferstehen.“ Wir bereinigen das mit unserem Nächsten und schließen so mit unserem Bruder, mit unserer Schwester Freundschaft – wir leben also die Geschwisterlichkeit.

So kommen wir diesem Bewusstsein, diesem hohen Bewusstsein näher, das Jesus, der Christus, immer wieder aussprach: *„Mein Vater und Ich sind eins.“* Das ist Auferstehung, das ist dann die Frohbotschaft: Jesus lebt. Christus in Mir und ich mit Ihm.

Lesen Sie auch ...

Die Zehn Gebote GOTTES & Die Bergpredigt des Jesus von Nazareth

Die Zehn Gebote Gottes und die Bergpredigt des Jesus von Nazareth haben im Grunde gar nichts mit Religion zu tun. Sie sind Auszüge aus dem ewigen Gesetz der Gottes- und Nächstenliebe – und für jeden Menschen gegeben, unabhängig von Kultur oder Nationalität. Entdecken Sie auch für Ihr Leben das Angebot Gottes, des Freien Geistes, für uns alle – die Zehn Gebote Gottes und die Lehren der Bergpredigt –, und erfahren Sie, wie diese schlichten Lebensanweisungen unser Leben zum Positiven verändern können. Sie sind der Weg zur Freiheit und zum Frieden unter uns Menschen und auch mit der ganzen Schöpfung, mit der Natur und den Tieren.

Lesen Sie die Auslegungen zu den Zehn Geboten Gottes, erklärt mit den Worten der heutigen Zeit, und vertiefen Sie sich in die Erklärungen, die Christus selbst zu den Lehren der Bergpredigt offenbarte – gegeben durch Gabriele, die Prophetin und Botschafterin Gottes in unserer Zeit.

212 S., geb., Leineneinband. ISBN 978-3-89201-802-5

Auch als Taschenbuch: 224 S., ISBN 978-3-96446-256-5

Das ist Mein Wort
A *und* Ω

Das Evangelium Jesu

Die Christus-Offenbarung, welche inzwischen die wahren Christen in aller Welt kennen

Aufbauend auf dem „Evangelium Jesu“, einem bestehenden außerbiblischen Evangeliumstext, offenbarte Christus selbst – erklärend, berichtigend und vertiefend – durch Gabriele, die Prophetin und Botschafterin des Ewigen Reiches, die Tatsachen über Sein Leben und Seine Lehre als Jesus von Nazareth.

Aus dem Inhalt: Kindheit und Jugend Jesu • Die Verfälschung der Lehre des Jesus von Nazareth in den vergangenen 2000 Jahren • Sinn und Zweck des Erdenlebens • Jesus lehrte über das Gesetz von Ursache und Wirkung • Voraussetzungen für die Heilung des Leibes • Jesus lehrt über die Ehe • Die Bergpredigt • Vom Wesen Gottes • Gott zürnt und straft nicht • Die Lehre der „ewigen Verdammnis“ ist eine Verhöhnung Gottes • Jesus entlarvt Schriftgelehrte und Pharisäer als Heuchler • Jesus liebte die Tiere und setzte sich immer für sie ein • Über Tod, Reinkarnation und Leben • Die wahre Bedeutung der Erlösertat Christi ... und vieles andere mehr.

1080 S., geb., Halbleinen. Inkl. Audio-CD mit dem Ewigen Wort aus dem Reich Gottes: „Der Ruf des Christus Gottes“ und „Die Erscheinung“, gegeben durch Gabriele.
ISBN 978-3-89201-960-2. Auch als E-Book

Als Taschenbuch (ohne CD): 1152 S., ISBN 978-3-96446-275-6

Ein Frauenleben im Dienste des Ewigen

Mein Weg als Lehrprophetin und Botschafterin Gottes in dieser Zeitenwende

Gabriele

Seit nahezu 50 Jahren dient Gabriele Gott, dem Ewigen, als Seine Lehrprophetin und Botschafterin.
In ihren autobiographischen Schilderungen gibt sie einen Einblick in ihren Werdegang als Mensch und ihre Berufung zur Prophetin Gottes und was es bedeutet, in unserer Zeit Sein Wort, Seine Liebe und Weisheit auf die Erde zu bringen.
Gabriele schildert lebendig ihren Lebensweg von früher Kindheit an. Sie beschreibt die Anfänge des Prophetischen Wortes, die unmittelbaren Schulungen durch den Gottesgeist und den Aufbau des weltweiten Christus-Gottes-Werkes, und sie berichtet auch über die Widrigkeiten und Angriffe, denen sie als Frau im Dienste des Ewigen standzuhalten hatte.

212 Seiten, geb., Halbleinen. ISBN 978-3-89201-799-8